Geertje Gort · Frank van Ark · Jack Botermans

OMA FÜR ANFÄNGER

DINGE, DIE EINE ECHTE OMA KÖNNEN MUSS

LAPPAN

INHALT

INHALTSVERZEICHNIS

SPIELE FÜR DRINNEN

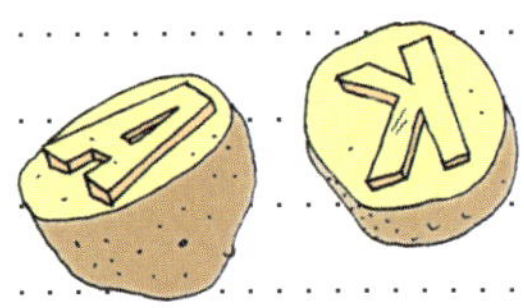

GEBURTSTAGSSPIELE

BASTELN

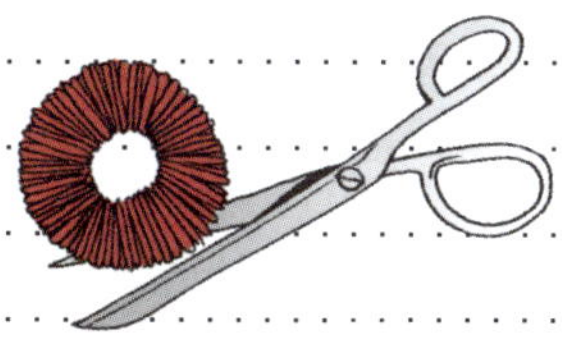

INHALTSVERZEICHNIS

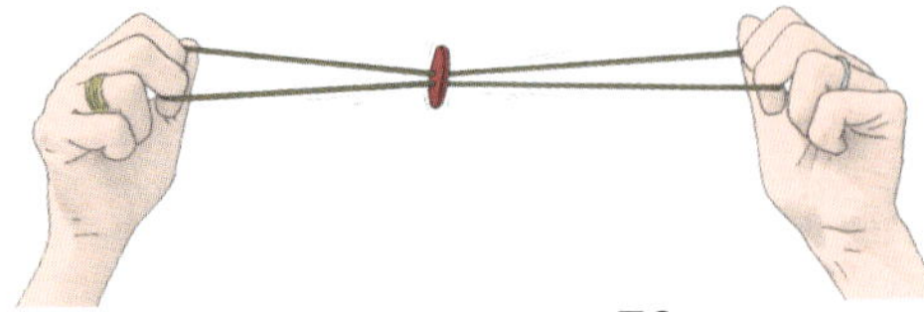

FADENSPIELE

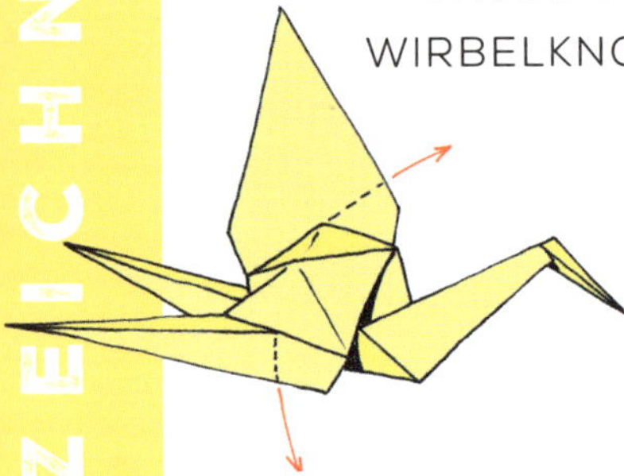

FALTEN & SCHNEIDEN

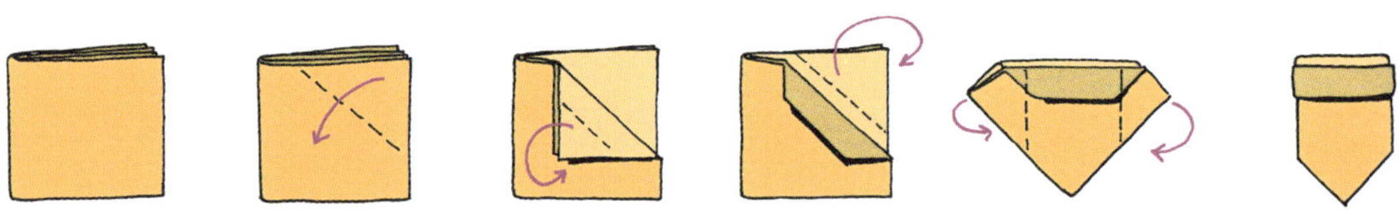

MUSIK

INHALTSVERZEICHNIS

LECKEREIEN

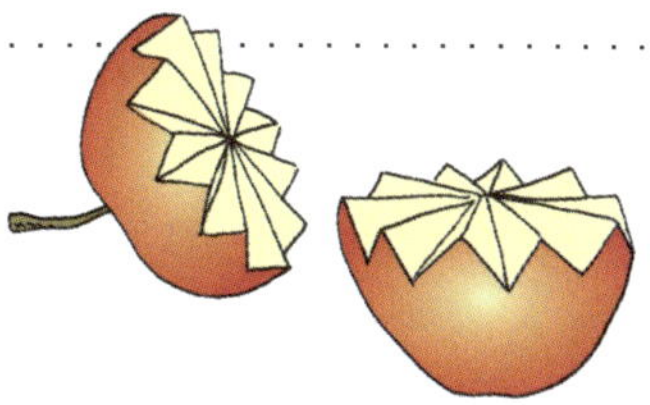

SPIELE FÜR DRAUSSEN

DINGE, DIE EINE ECHTE OMA KÖNNEN MUSS

Es ist schlichtweg herrlich, dass es sie gibt. Vor allem, weil wir sie so wunderbar verwöhnen können! Das mag zwar nicht besonders pädagogisch sein, doch was soll's! Erziehungsbücher werden ja für Eltern geschrieben und nicht für Omas, stimmt's?

Natürlich kannst du mit deinen Enkelkindern im Laufschritt zum Spielwarenladen oder zum Imbiss gehen, aber viel schöner ist es, mit ihnen Spiele zu spielen und wie früher in deiner eigenen Jugendzeit zu basteln. Die Zeiten waren anders, die Umstände magerer, aber trotzdem hatten wir viel Spaß.

Und das Interessante ist: Man brauchte dafür nichts Spezielles. Das ist auch heute noch so, denn fast alles hast du bereits zu Hause. »Basteln mit wertlosem Zeugs« hieß das zu unserer Zeit.

Da ist nur ein kleines Problem: Wie war das noch?
Wie gingen noch gleich die Spielregeln?
Wie war das mit der Faltanleitung?
Dieses Buch erklärt noch einmal alles, damit alle zukünftigen und neuen Omas gut auf ihre neue Aufgabe vorbereitet sind.

ICH HALTE ES DAMIT: WAS DU IHNEN KAUFST, DAS HABEN SIE IN FÜNFZEHN JAHREN VERGESSEN, DOCH WAS DU MIT IHNEN MACHST ODER ANSTELLST, DAS BEHALTEN SIE IHR GANZES LEBEN.

WAS OMA ZU HAUSE HABEN SOLLTE

WAS BRAUCHST MAN EIGENTLICH ALLES, UM EINE SUPEROMA ZU WERDEN?

Für jeden Basteltipp in diesem Buch sind Werkzeug und Materialien angegeben. Das bedeutet aber nicht, dass du jedes Mal ins Geschäft laufen musst.
Nachstehend sind Werkzeuge und Materialien aufgelistet, die man im Allgemeinen zu Hause hat und die in diesem Buch häufig vorkommen.

- (Acryl-)Farbe
- Buntstifte
- Bleistifte
- Aluminiumfolie
- Knöpfe
- Kugelschreiber
- Perlen
- Cocktailpikser
- Kreide
- Krepppapier
- Streichholzschachteln
- Eierkartons
- Messer
- Gummibänder
- Nadeln
- Garnrollen
- Papier
- Garn
- Büroklammern
- Glasbehälter
- Pinsel
- Bastelleim/Kleber

- Locher
- Taschenmesser
- Klebeband
- Pappe
- Plakatfarbe
- Schaschlikspieße
- Textilkleber
- Schere
- Schnur
- Schuhkartons
- Filzstifte
- Schüsselchen
- Wasserfarben
- Servietten
- Watte
- Kartenspiele
- Wollreste
- Nägel

WASCHLAPPEN-PUPPEN

Benötigt werden:

- Waschlappen
- Nadel und Faden
- Wollreste
- verschiedene Flicken
- Knöpfe und Perlen
- Filzstifte
- Textilkleber
- Papier
- Schere

Das gute alte Puppentheater ist noch immer ein Favorit bei Kindern, allen Computerspielen zum Trotz. Also basteln wir Puppen für das Puppentheater und da können Enkelkinder nach Herzenslust mitmachen.

Es ist vielleicht eine gute Idee, sich zuerst gemeinsam ein Thema auszudenken. Der große Zoo, Hänsel und Gretel, Max und Moritz – oder etwas Ähnliches aus den guten alten Zeiten.

Wie die Puppen aus Waschlappen gefertigt werden, das spricht so ziemlich für sich. Knöpfe und Perlen dienen als Augen. Aus Flicken wird der Mund geschnitten. Zwei Waschlappenzipfel können, abgebunden, die Ohren sein. Aus Wolle oder Garn wird das Haar gemacht.

Die Augenklappe für den Seebären nicht vergessen. Und: Stoppelbart mit Filzstift für den Gauner oder Schlafmütze, Brille und Tabakpfeife für Lehrer Lämpel. Ein Comic-Heft oder ein Bilderbuch liefern dir die nötige Inspiration.

HIMMEL UND HÖLLE

Benötigt werden:
- Gehweg
- Holzklotz
- Kreide

Der erste Spieler geht an die Startposition und wirft oder schiebt den Holzklotz in das erste Kästchen. Jetzt muss, auf einem Bein hüpfend, das Klötzchen in das zweite Kästchen gelegt werden. Danach wird in das dritte Kästchen gesprungen. Und so geht es immer weiter bis in den Himmel. Du scheidest aus, wenn du mit den Füßen die Linie berührst, wenn das Klötzchen die Linie berührt oder wenn es im falschen Kästchen landet. Dann kommt der andere Spieler an die Reihe. Danach bist du wieder dran und darfst an der Stelle weitermachen, an der du gestrandet bist. Liegt das Klötzchen in *Himmel*, springst du mit beiden Füßen und einer halben Drehung in das Kästchen *Hölle*, so, dass du den Rückweg antreten kannst. Mit dem Klötzchen in der Hand hüpfst du nun folgendermaßen zurück: in Kästchen 7, Kästchen 4 und Kästchen 1 stehst du jeweils auf einem Bein. In den Kästchen 8 und 9, Kästchen 5 und 6 und Kästchen 2 und 3 stehst du jeweils breitbeinig mit einem Fuß auf jeder Nummer.

KARTOFFELSTEMPEL

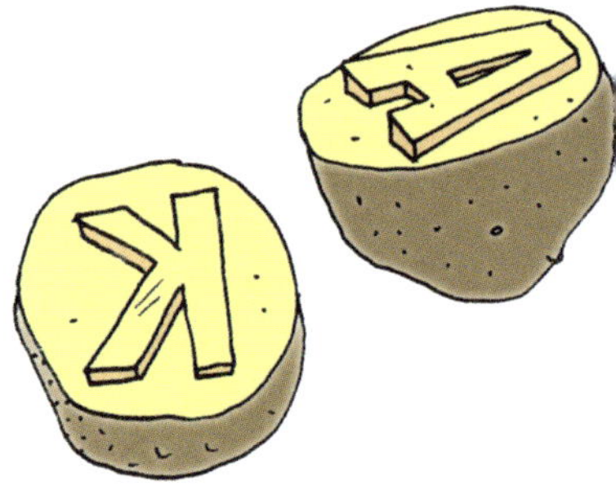

Benötigt werden:

- Große Kartoffel
- Zahnstocher oder Cocktailpikser
- Messer
- Papier
- (Wasser-)Farbe

Aus einer einfachen Kartoffel könnt ihr tolle und persönliche Stempel machen, z. B. mit den Initialen deiner Enkelkinder, mit einem schönen Monogramm oder einem einfachen Bild, mit dem ihr Briefpapier oder Karten verzieren könnt.

Schneidet die Kartoffel in zwei Hälften und kratzt mit dem Zahnstocher oder dem Cocktailpikser das gewünschte Bild (oder Buchstaben) aus. Die Buchstaben natürlich in Spiegelschrift! Schneidet die Oberfläche rund um das Bild mit einem Messer weg; der Stempelteil braucht nur ungefähr einen halben Zentimeter hoch zu sein. Fertig ist der Stempel. Färbt nun den Stempel ein oder verwendet ein Stempelkissen. Drückt den Stempel gleichmäßig auf das Papier. Voilà!
Abhängig vom Bild könnt ihr jetzt Weihnachtskarten machen, Geschenkpapier entwerfen oder sogar einen Liebesbrief bedrucken.
Ein schöner Effekt entsteht, wenn man den Stempel mit zwei oder drei Farben gleichzeitig anmalt.

BRAUNE BOHNE

Benötigt werden:

- Deckelglas
- braune Bohne
- Watte

Erinnerst du dich noch, wie aufregend das früher war? Es war nicht wirklich Discovery Channel, aber schön war es trotzdem.

Lege eine Lage feuchte Watte in ein (Deckel-)Glas und platziere obendrauf eine braune Bohne (es hilft, wenn die Bohne bereits für eine Nacht in Wasser eingeweicht war).
Jedes Mal, wenn dein Enkelkind kommt, schaut ihr nach, wie sich die Wurzeln entwickelt haben und wie der Stängel nach oben wächst. Das nannten wir früher »Anschauungsunterricht«.
Auf dieselbe Weise kannst du Gartenkresse aufziehen. Das finden Kinder besonders gut, weil die auch noch essbar ist. Die Gartenkresse kannst du in Form eines Herzens ausstreuen oder auch den ersten Buchstaben des Namens deines Enkelkindes nehmen.

ABZÄHLREIME

Wenn zum Spielen zwei Gruppen gebildet werden sollten, wurden früher oft Abzählreime benutzt, um erst einmal die beiden Anführer auszumachen, die dann ihrerseits weitere Abzählreime benutzten, um mehr oder weniger zufällig die Mitglieder ihrer Gruppen auszuwählen.

Beim Abzählen wird bei jedem Wort, bei jeder Silbe oder auch nur bei jeder betonten Silbe der Reihe nach auf eines der im Kreis stehenden Kinder gezeigt und das Kind, auf das bei der letzten Silbe des Reims gewiesen wird, ist damit als Anführer oder Gruppenmitglied bestimmt.

An manche dieser Reime erinnern wir uns noch:

Ene, mene, miste,
was rappelt in der Kiste?
Ene, mene, meck
und du bist weg.

Oder:

Ene mene muh,
raus bist du!
Raus bist du noch lange nicht,
sag mir erst, wie alt du bist …

(Zahl sagen. Danach wird das Abzählen um diese Zahl verlängert: eins, zwei, drei …)

Einer der bekanntesten Abzählreime lautete:

Eins, zwei, drei, vier, fünf, sechs, sieben,
eine alte Frau kocht Rüben,
eine alte Frau kocht Speck
und du bist weg.

Und etwas frechere Verse gab es natürlich auch:

Eine kleine Dickmadam
zog sich eine Hose an.
Doch die Hose krachte,
Dickmadam, die lachte,
zog sie wieder aus –
und du bist raus.

WIRBELKNOPF

Weshalb fliegen Vögel in den Süden?

Weil's zum Laufen zu weit wäre.

Benötigt werden:

- großer Knopf
- Schnur oder Faden, ungefähr 1,25 m lang

Stecke die Schnur durch die zwei Löcher im Knopf und verknote die Enden. Halte die Schnur nun an den Enden mit den Händen fest und lasse den Knopf sich um sich selbst drehen, bis die Schnur verzwirnt und straff gespannt ist.
Bewege nun die Hände auseinander: Die Schnur wird sich entwirren und dabei den Knopf surrend zum Wirbeln bringen.

Ein toller Spezialeffekt ergibt sich, wenn du selbst einen »Knopf« aus fester Pappe oder Sperrholz anfertigst und diesen bunt bemalst.

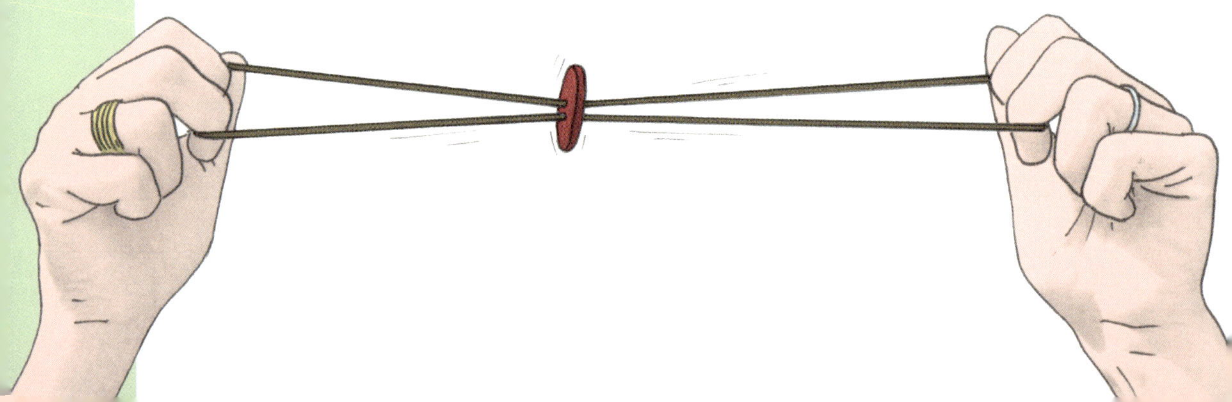

FESTLICHE EISWÜRFEL

Benötigt werden:

- Wasser (einfaches Leitungswasser)
- rote oder schwarze Beeren
- Apfelsinenschalenstücke
- Minzblätter

Im Allgemeinen sehen Eiswürfel sehr gewöhnlich aus. Aber heute machen wir zusammen mit den Enkelkindern spezielle Festtagseiswürfel.

Ihr füllt die Eiswürfelbehälter aus dem Kühlschrank zu zwei Dritteln mit Wasser und gebt bunte Dinge hinzu, zum Beispiel Rote oder Schwarze Johannisbeeren, dünne Scheiben Apfelsinenschale, Minzblätter, Weingummi oder denkt euch was Schönes aus. Essbar soll es sein und nicht sofort schmelzen, bevor das Wasser im Eisfach gefrieren kann.

FESTTAGS-MÄNNCHEN

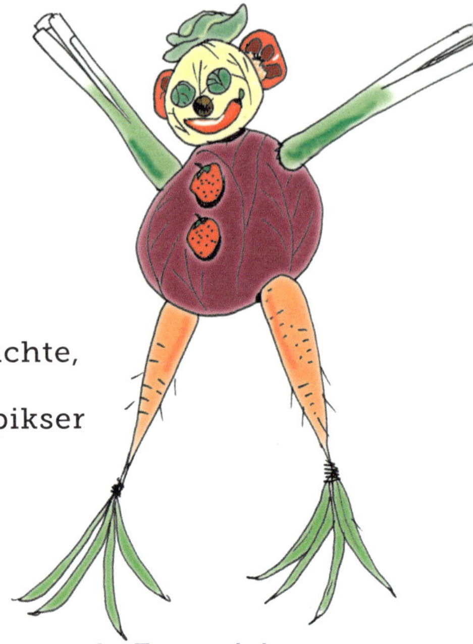

Benötigt werden:

- verschiedenes Gemüse und Früchte, u. a. Kirschen und Erdbeeren
- Schaschlikspieße und Cocktailpikser

Von Festtagsmännchen können Enkelkinder nie genug kriegen. Schwer zu machen? Nein, dafür musst du nicht zwei rechte Hände haben. Du brauchst nur ein wenig Fantasie!

Für den Körper nimmst du z. B. einen Rotkohl, für den Kopf einen Weißkohl, für die Arme Porree, für die Beine Wurzeln und die Zehen machst du aus Prinzessböhnchen. Die größeren Teile verbindest du mit Schaschlikspießen, die kleineren mit Cocktailpiksern. Für die Augen kannst du Rosenkohl oder Radieschen nehmen. Als Mund dient eine Chilischote und für die Ohren nimmst du zwei Paprikahälften.
O ja, da müssen natürlich auch noch Knöpfe auf den Bauch. Was hältst du von Erdbeeren oder Silberzwiebeln? Soll es eine Frau werden? Mache aus Salatblättern einen Hut und hänge ihr Kirschen an die Ohren. Wetten, dass du selbst kaum etwas zu tun brauchst? Deine Enkelkinder werden das schnell übernehmen: »Dürfen wir das selber machen, Oma? Hast du noch Nüsse oder Petersilie?«

HONIGBRÖTCHEN

Benötigt werden:

- Baguette (das Stückchen, das immer übrig bleibt)
- 1 Ei
- ungefähr 2 dl Milch
- 1/2 Teelöffel Zimt
- Butter zum Braten
- Honig

Wir wohnten ein Jahr in Spanien. Dort gab es meistens weißes Stangenbrot, Baguette. Wenn ein Stückchen übrig geblieben war, hatte man abends nichts mehr davon, denn es war knüppelhart!
Wir fanden eine Lösung und machten regelmäßig Honigbrötchen, eine Art »Arme Ritter«. Die Kinder waren verrückt danach und jetzt mache ich sie für meine Enkeltochter.

Weiche das in Scheiben geschnittene harte Brot in mit einem aufgeschlagenen Ei und Zimt vermischter Milch ein. Lasse das Brot etwas abtropfen und brate es dann in heißer Butter von beiden Seiten braun. Lege es auf ein Brett und bestreiche es mit Honig. Und nun einfach nur genießen!

ZAUBEREI: DER MAGISCHE APFEL

Benötigt werden:

- Apfel
- festes Garn
- dünne Nadel

Natürlich inszenierst du den Trick mit dem magischen Apfel ein wenig geheimnisvoll:
»Guck mal, ich schäle diesen Apfel so, dass die Schale heil bleibt.«
»Ja, Oma, aber was ist daran denn jetzt magisch?«
»Das wirst du gleich sehen!«
»Hey, er zerfällt in vier Teile! Wie geht das, Oma? Wie machst du das?«
»Tja, das ist das magische Geheimnis.«

Wo werden Königinnen gewöhnlich gekrönt?

Auf ihrem Kopf.

Bevor dein Enkelkind zu Besuch kommt, unterteilst du einen Apfel mit einer feinen Nadel und festem Garn »unter der Haut« in vier oder sechs Stücke. Wie das geht?

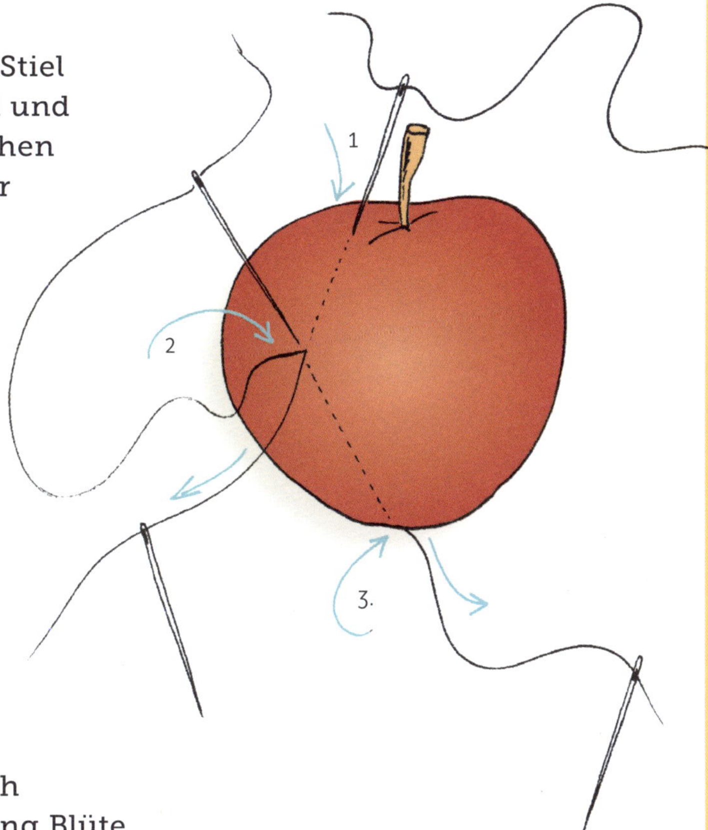

Stich die Nadel am Stiel schräg in den Apfel und lasse sie ein Stückchen weiter unten wieder herauskommen.
Lass ein kleines Stückchen Faden am Stiel aus dem Apfel herausgucken.
Stich nun die Nadel zurück in den Apfel, genau in dasselbe Loch, wo sie herausgekommen ist.
Bewege sie wieder ein Stückchen durch den Apfel in Richtung Blüte.
Wiederhole dies noch ein paarmal und gehe dann, einmal bei der Blüte angelangt, die andere Seite des Apfels entlang wieder zum Stiel zurück.
Bei einer Runde bekommst du zwei Teile. Bei zwei Runden ergeben sich vier Teile, bei drei Runden sogar sechs. Letzteres ist natürlich viel interessanter.
Ziehe zum Schluss die Fäden unter der Schale durch den Apfel: Ohne ihn erst zu schälen, ist der Apfel bereits in Stückchen unterteilt!

FIGURENMASKE

Benötigt werden:

- Pappe
- Farbe
- Pinsel
- Gummibänder
- Material zum Verzieren
- Locher

Eine einfache Art, eine schöne und wiedererkennbare Maske anzufertigen:

Nimm das Gesicht einer Comic-Figur als Vorlage. Zeichne ein regelmäßiges Karomuster über sie! (siehe Abbildung). Übertrage das gleiche Karomuster, jedoch vergrößert, auf ein Stückchen Pappe und benutze dieses als Zeichenhilfe, um die ursprüngliche Vorlage zu vergrößern.
Schneide diese danach aus und male sie an, beklebe sie mit Wolle, Garn, Silberpapier und allem, was du schön findest.
Knipse oder schneide die Augen aus. Stanze mit dem Locher zwei Löcher in die Seiten der Maske und befestige die Gummibänder daran, mit denen du die Maske an den Ohren deines Enkelkindes befestigen kannst. Fertig!

ZYLINDERMASKE

Benötigt werden:
- dünne Pappe
- Büroklammern
- Klebstoff
- Farbe
- Pinsel
- Messer
- Schere
- Material zum Verzieren

Dies ist auch für kleinere Kinder eine schöne Art, eine Maske herzustellen.

Mache aus einem Stückchen dünner Pappe einen Zylinder, der genau um den Kopf des Kindes passt. Halte ihn mit Büroklammern zusammen.
Schneide den Zylinder mit einer Schere oder einem Messer auf die gewünschte Höhe.
Zeichne Augen, Nase und Mund an die richtigen Stellen und schneide dort Löcher in die Pappe.
Bastle dann aus Pappe eine komische Nase.
Vollende nun die Maske nach eigenem Geschmack und eigener Fantasie mit Farbe, Garn, Wolle usw.
Klebe zum Schluss die Ränder des Zylinders mit Klebstoff zusammen. Schön ist es, die Maske den Jahreszeiten anzupassen, z. B. eine Nikolaus- oder Knecht-Ruprecht-Maske, eine Osterhasenmaske oder eine Maske zu Halloween oder für den Karneval.

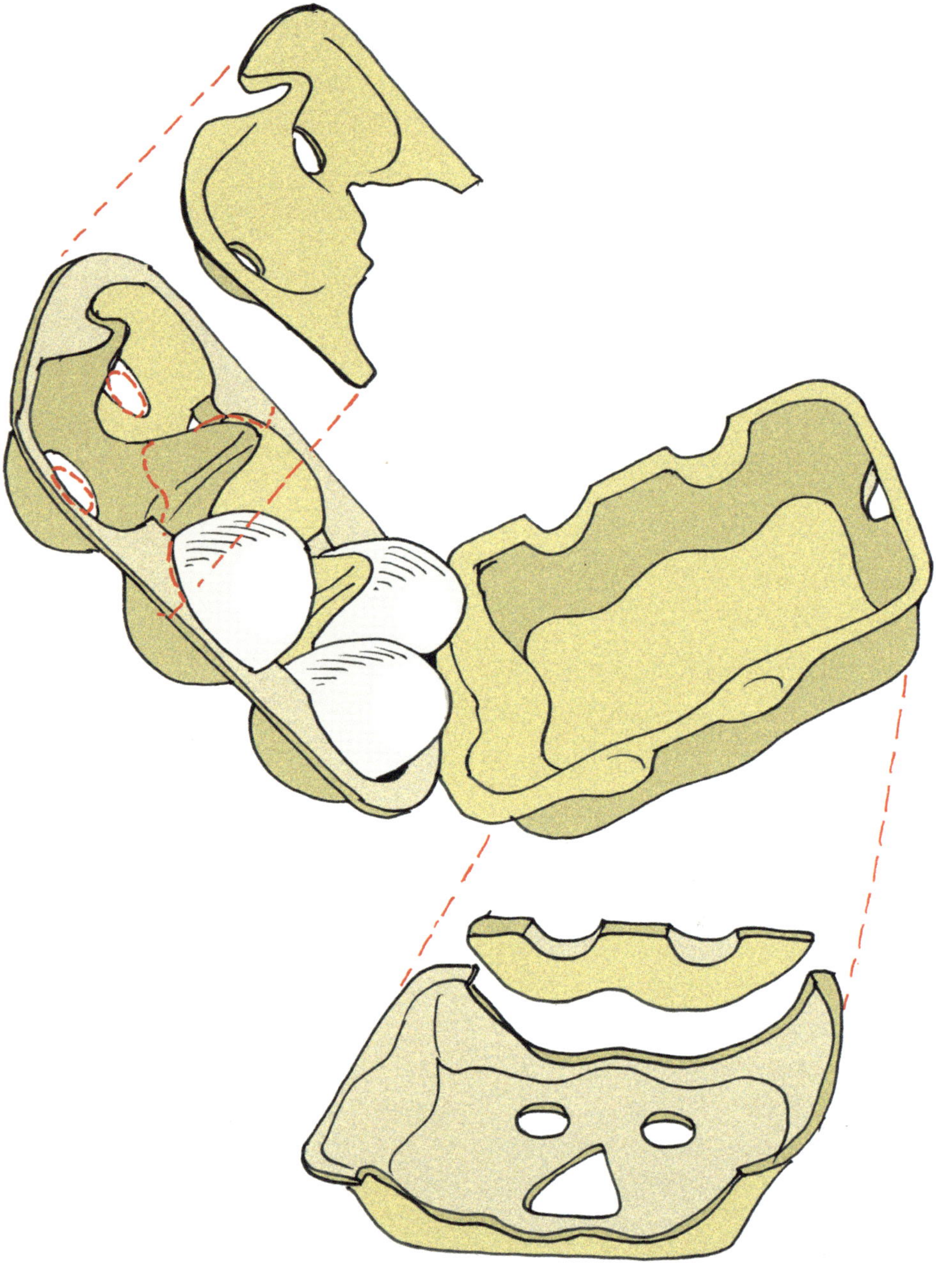

PAPPMASKE

Benötigt werden:

- Eierpappe
- Plakat- oder Acrylfarbe oder Bunt- bzw. Filzstifte
- Taschenmesser oder Schere
- Gummiband
- Klebstoff

Das Basteln von Masken aus Eierkartons fällt in die Kategorie »Basteln mit wertlosem Material«.

Hierbei können die Vertiefungen für die Eier als Augenhöhlen dienen. Die Spitzen dazwischen als Nase.
Und wenn du den Eierkarton umdrehst, werden die Höhlen zu Kugelaugen oder Kugelwangen.
Für den Anfang beginnen wir mit einer sogenannten Halbmaske, welche die Hälfte des Gesichts bedeckt.
Schau dir auf der Zeichnung an, wie du den Karton ausschneiden musst.
Aus dem Deckel machst du anschließend den unteren Teil der Maske und klebst die beiden Teile zu einer Vollmaske zusammen.

Wie schreibt man Mausefalle mit fünf Buchstaben?

K-A-T-Z-E

MILCHSHAKE

Benötigt für ein Glas werden:

- 1 Tasse kalte Milch
- Früchte
- 1 Kugel Sahneeis

Herrlich, so ein Sommertag, an dem das Thermometer schon früh auf dreißig Grad klettert. Die Enkelkinder haben Ferien und übernachten in deinem Garten oder auf deinem Balkon. Es ist wirklich ein Tag für Eis oder einen herrlichen Milchshake. Es gibt spezielle Milchshakemixer im Handel, aber du kannst ihn auch einfach mit dem Schneebesen oder einem normalen Mixer machen.

Schneide die Früchte klein, füge Eis und Milch hinzu – kurz verrühren, fertig.
Generell kannst du alle Früchte, die weich und saftig sind, verwenden.

Warum wollte Mickymaus ins Weltall?

Um Pluto zu sehen.

BESONDERS LECKER IST EIN ERDBEERSHAKE, ABER AUCH MIT EINEM BANANENMILCHSHAKE WIRST DU PUNKTEN!

Wenn der Sommer schön lange anhält, willst du vielleicht auch mal was anderes ausprobieren.

HAUSGEMACHTES FRUCHTEIS zum Beispiel.

Nimm zu gleichen Teilen:

- ungeschlagene Schlagsahne,
- Zucker
- klein geschnittene oder zerquetschte Früchte.

Die Früchte erst hinzugeben, wenn die Sahne beinahe steif geschlagen ist. Die Masse noch einmal durchrühren. Danach einfrieren und vor dem Servieren etwas weich werden lassen.

DAS GEHT AUCH GANZ SCHNELL!

Eine herrliche Leckerei, die ich einer Superoma mit acht Enkelkindern abgeguckt habe!

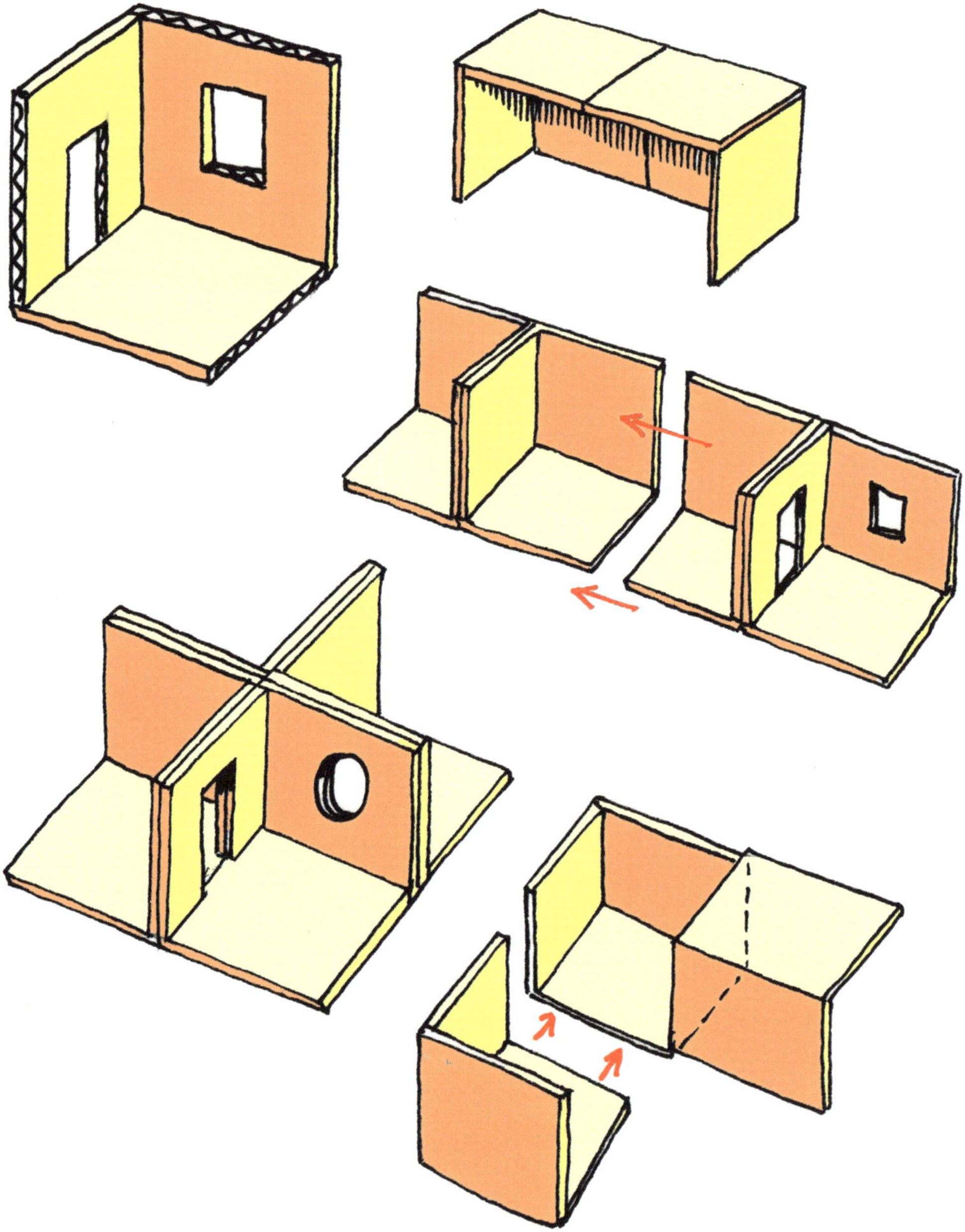

PUPPENHAUS

Benötigt werden:

- dicke Pappe (graue Kartonpappe)
- Taschenmesser
- Klebstoff
- Material zum Verzieren

Ein schönes Puppenhaus zu basteln ist viel einfacher, als du vielleicht denken magst. Und das Schöne an diesem Modell ist, dass es auf verschiedene Arten verwendet werden kann. Also auch als Garage, Hangar, Bauernhof und anderes mehr.

Nimm feste Pappe und klebe die Teile mit Klebstoff aneinander (für die echte Hobbybastlerin: Aus Sperrholz ist das Ganze natürlich noch viel schöner!).
Wir basteln von jedem Modul mehrere Exemplare, bei denen Fenster und Türen variiert werden können.
Schau dir mal die Abbildungen an. Die einzelnen Module kannst du auf endlos viele verschiedene Arten miteinander kombinieren, zusammenschieben oder aufeinandersetzen – die Kinderfantasie lässt daraus jedes Mal ein neues Gebäude entstehen.
Jetzt darf darin und darum herum nach Herzenslust mit Puppen, Cowboys, Indianern, Rittern, Soldaten, Autos und Flugzeugen gespielt werden.

TIPP: Nicht mitgeben, wenn die Enkelkinder wieder nach Hause gehen, sondern dabehalten für das nächste Mal!

STRICKEN MIT DER STRICKLIESEL

Benötigt werden:

- Strickliesel oder leere Garnrolle
- kleine Nägel
- Stopfnadel
- Wolle (am besten in verschiedenen Farben)

Diese Spielidee kommt aus der »Mottenkiste«, ich weiß. Aber es ist schön, sie zusammen mit den Enkelkindern noch einmal umzusetzen.
Im Allgemeinen wird beim »Stricklieselstricken« mithilfe einer Strickliesel, die man in Bastel- oder Spielzeugläden kaufen kann, einer Stopfnadel und Wolle »gestrickt«.
Ich erinnere mich noch gut, wie meine Oma Beppe mir diese Fertigkeit beibrachte.

Sie nahm eine Strickliesel, oder ersatzweise etwas wie beispielweise eine Garnrolle, bei der sie rund um die Öffnung vier kleine Nägel schlug. Dann wurde ein Faden durchgezogen, der unten mindestens 10 Zentimeter aus der Garnrolle herausgucken musste, sodass man daran ziehen konnte, sobald ein Anfang gemacht war. Sie zeigte mir, wie der Faden in Schlaufen um die Nägel gelegt wird. Dann konnte das »Stricken«

Was ist gelb und zeigt immer nach Norden?

Eine magnetische Banane.

beginnen, indem der Faden rund um die Nägel gelegt und stets der untere Faden mithilfe der Nadel über die unterste Schlaufe gehoben wurde.
Heraus kommt letztlich eine gestrickte »Schlange«, aus der du zusammen mit deinem Enkelkind einen bunten Topflappen machen kannst.
In der »Oma-Zeit von Oma« machte man daraus Zaumzeug. Heute finden es Enkelkinder schön, so eine Kordel als Gürtel oder Halsschmuck zu verwenden.
Man kann auch einen Untersetzer daraus machen, indem man die Kordel zu einer flachen Schnecke aufrollt und auf eine runde Pappe (z. B. einen Bierdeckel) klebt.

ALTE LIEDER

Hier zwei Lieder, die du vermutlich schon lange nicht mehr gehört, geschweige denn gesungen hast:

Kommt ein Vogel geflogen,
setzt sich nieder auf mein' Fuß,
hat ein Zettel im Schnabel,
von der Mutter einen Gruß.

Lieber Vogel, flieg weiter,
nimm ein' Gruß mit und ein' Kuss,
denn ich kann dich nicht begleiten,
weil ich hierbleiben muss.

Und dieses:

Liebe, liebe Sonne
Liebe, liebe Sonne,
scheine doch recht hell!
Jage fort die Wolken,
komm hervor ganz schnell!

Liebe, liebe Sonne,
komm ein bisschen runter,
lass den Regen oben,
dann wollen wir dich loben.
Einer schließt den Himmel auf,
kommt die liebe Sonne raus.

SERVIETTEN FALTEN 1

Ein schönes Modell für Anfänger:

1. Lege die Serviette mit einer Spitze nach unten. Mache daraus ein Dreieck, indem du die untere Spitze nach oben faltest.

2. Falte die beiden unteren Ecken zur Mitte und danach die Seiten noch einmal zur Mitte.

3. Falte die Unterkante zur Basis des Dreiecks und danach das Dreieck nach unten, um den kleinen Briefumschlag fertigzustellen.

1

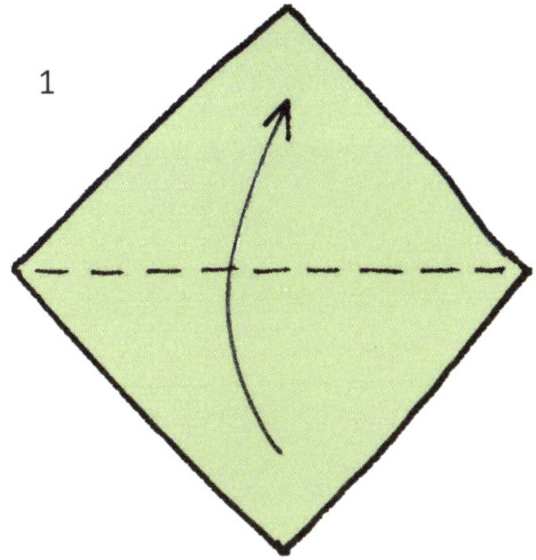

2

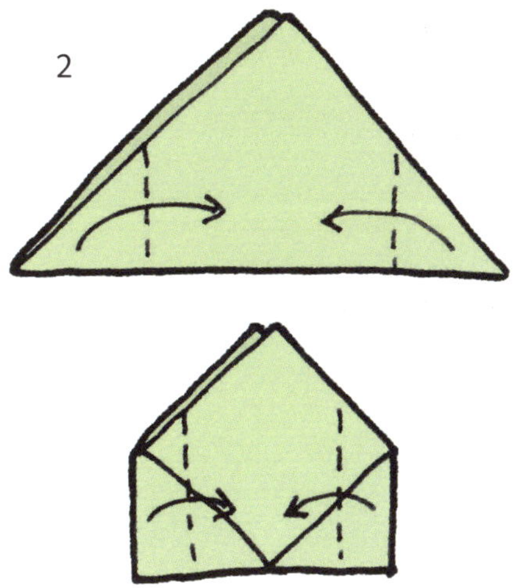

3

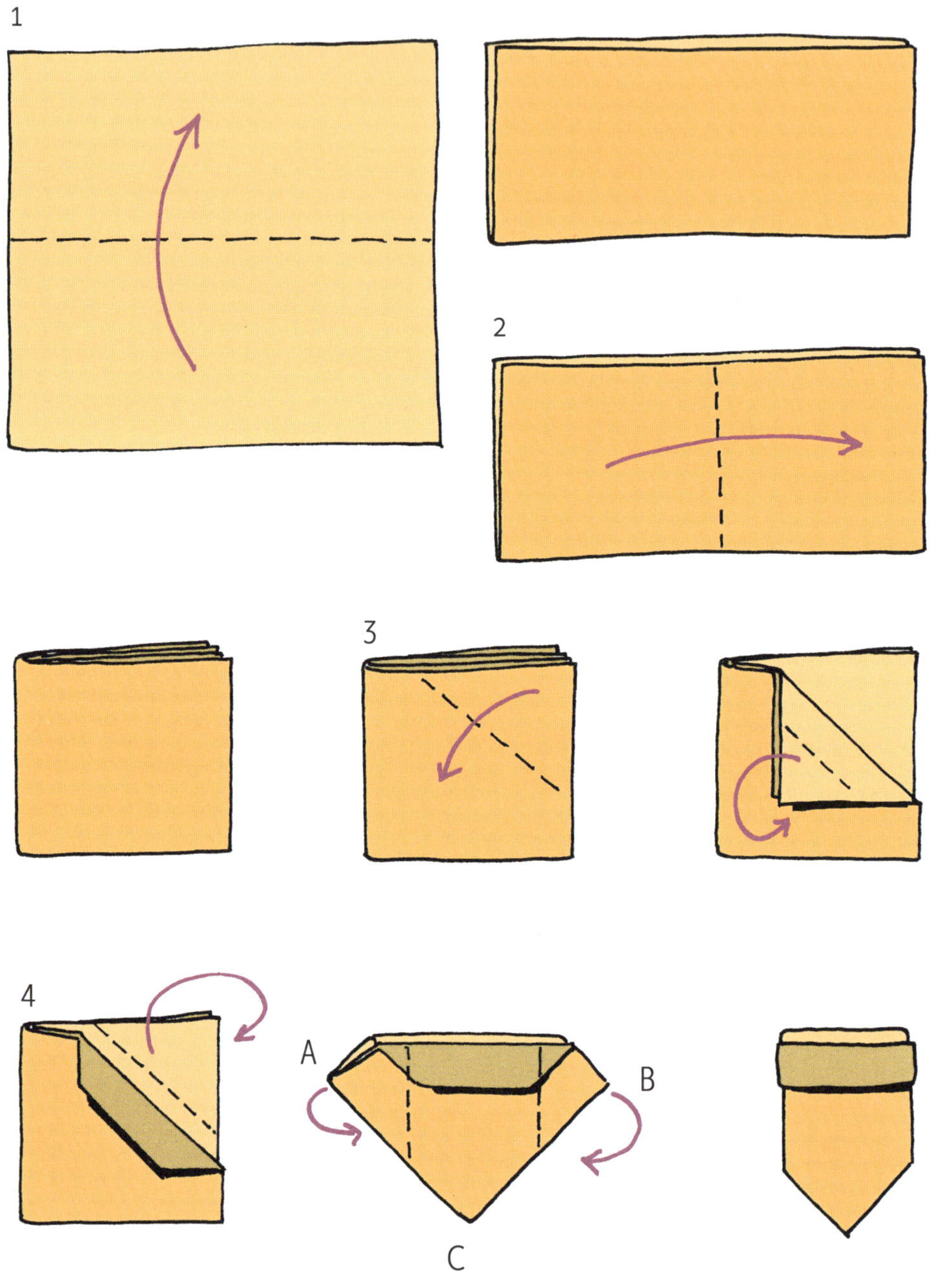
1
2
3
4
A
B
C

SERVIETTEN FALTEN 2

Eine festliche Serviette faltest du folgendermaßen:

BEIM TISCHDECKEN KANNST DU ZUM BEISPIEL DAS BESTECK IN DEN SO ENTSTANDENEN KLEINEN »BRIEF-UMSCHLAG« LEGEN.

1. Falte die untere Hälfte der Serviette nach oben. Somit befindet sich die Falte nun an der Unterseite.

2. Falte nach rechts, sodass sich ein Quadrat ergibt.

3. Nimm nun die oberen zwei der vier Ecken an der rechten Außenseite und falte diese nach vorne und falte oder rolle sie unter sich selbst durch.

4. Falte nun auf die gleiche Weise die zwei unteren Ecken nach hinten. Ecke C bildet die Unterseite des »Schlipses«, indem A und B nach hinten gefaltet werden.

Willst du einen dreckigen Witz hören?

Zwei weiße Pferde fielen in den Sumpf

SERVIETTEN FALTEN 3

1. Falte die Serviette doppelt von links nach rechts. Der Knick befindet sich nun also an der linken Seite.

2. Knicke nun Ziehharmonikafalten, beginnend an der Unterseite. Jede Falte muss ungefähr 2,5 cm breit sein. Falte so die gesamte Länge.

3. Knicke die Ziehharmonika auf die Hälfte.

4. Ziehe den Fächer nun auf und streiche die Falten, wo nötig, glatt. Steche die Gabel in die Mitte der Ziehharmonika und lege die Gabel mit der Serviette so auf den Tisch.

DIESE SERVIETTE STEHT AUF DEM TISCH.

Welches Tier kann höher fliegen als ein Haus?

Alle fliegenden Tiere, weil Häuser nicht fliegen können.

1

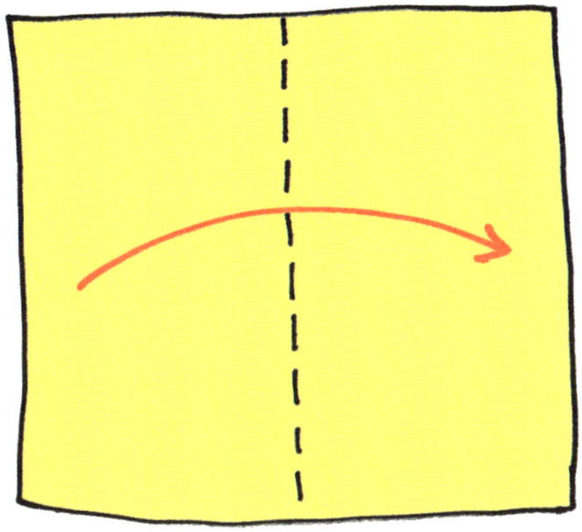

2

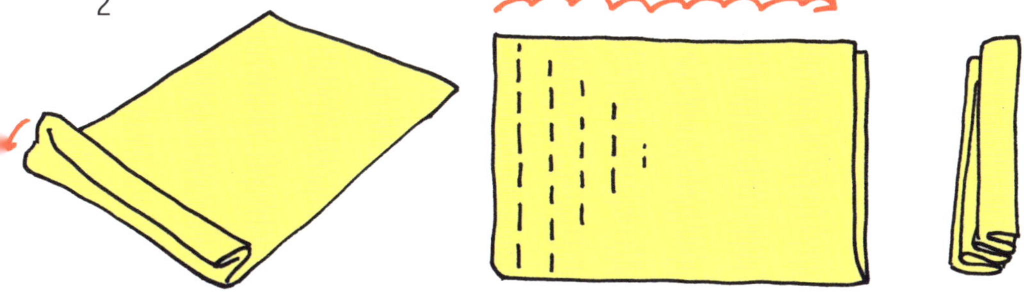

3

4

Was ist groß, schwarz und frisst Felsbrocken?

Ein großer schwarzer Fels-brockenfresser.

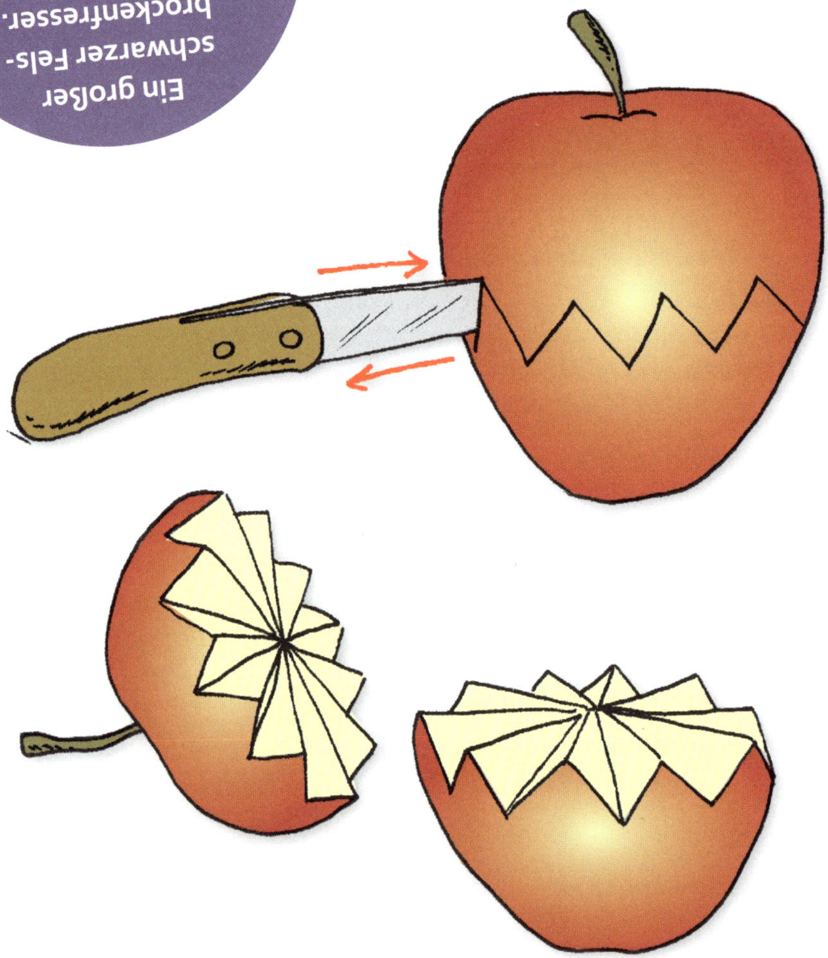

GESCHLOSSENER APFEL

Benötigt werden:

- Apfel
- scharfes Messer
- ein bisschen Geschick

Für dieses Kunstwerk benötigst du nicht viel. Nur einen Apfel und ein scharfes Messer. Aber – ehrlich gesagt – ein bisschen Geschick ist dafür schon erforderlich. Wenn du dein Werk vollendet hast, besteht der Apfel aus zwei gezackten Hälften, die, wenn du sie aufeinanderlegst, wieder nahtlos zusammenpassen. Wie bekommst du das hin?

Stich (einmal rundum) mit dem Messer stets zickzackartig von der Schale zur Mitte des Apfels. Auf diese Weise entstehen zwei saubere Hälften, die zusammen ein perfekt schließendes Döschen mit Deckel bilden. Schön ist auch, die gezackten Hälften als Esstischdekoration zu verwenden. Besprenkle sie dazu mit einigen Tropfen Zitronensaft, damit sie nicht braun werden.

TIPP: Auf die gleiche Art kannst du Radieschen bearbeiten, schön zum Garnieren für einen Salat!

KARAMELL

Benötigt werden:
- 250 g Kandis
- 35 g Butter
- Pfanne
- scharfes Messer

»Zuckerschnecken« nannte mein friesischer Opa (Pake hieß er) die zuckersüßen Happen, nach denen ich verrückt war. Er briet sie jeweils, während ich im Alkoven lag (wirklich!) und immerzu rief: »Sind sie schon fertig, Pake?« Ob nach der Vertilgung der Leckerei noch eine Zahnbürste zu Werke ging, weiß ich nicht mehr ...
Wie werden diese herrlichen Happen gemacht?

Lasse Zucker und Butter gerade so lange kochen, bis der Sirup träge vom Löffel tropft. Gieße die zähe Masse auf ein mit Mehl bestäubtes Brotbrett. Kerbe, nachdem sie etwas abgekühlt ist, mit einem Messer vorsichtig Linien hinein, sodass Quadrate entstehen. Dann fest werden lassen und in Stückchen brechen, so wie du es auch mit Schokolade machst.

Was wird nass, während es trocknet?

Ein Handtuch.

ANMERKUNG MEINES EHEMANNES: »Das Schönste war, einen Klumpen Sirup vom Brett zu grapschen, bevor er ganz fest geworden war. Du konntest ihn enorm in die Länge ziehen, aufrollen und als Dropshaufen in deinem Mund verschwinden lassen!«

WIEGENLIEDER

Das Singen von Wiegenliedern, wobei das Kind auf den Schoß genommen wird oder auch nicht, fällt immer auf fruchtbaren Boden. Hier sind zwei alte Lieder.

Zuerst ein Schlaflied, das man lange Wolfgang Amadeus Mozart zugeschrieben hatte, das wahrscheinlich aber von Bernhard Flies stammt:

Schlafe, mein Prinzchen, schlaf ein

Schlafe, mein Prinzchen, schlaf ein.
Es ruhn Schäfchen und Vögelein,
Garten und Wiesen verstummt,
auch nicht ein Bienchen mehr summt.
Luna mit silbernem Schein
gucket zum Fenster herein,
schlafe beim silbernen Schein.
Schlafe, mein Prinzchen, schlaf ein.

Und dieses fast so alte norddeutsche Wiegenlied:

Schlaf, Kindlein schlaf!

Schlaf, Kindlein, schlaf!
Der Vater hüt' die Schaf,
die Mutter schüttelt's Bäumelein,
da fällt herab ein Träumelein.
Schlaf, Kindlein, schlaf!

GUCKGLAS

Benötigt werden:

- großes Marmeladenglas oder kleines Weckglas
- feste Ansichtskarte oder Foto

Jede Oma erinnert sich noch an den Guckkasten. Aber ein Guckglas? Und doch ist das, was im Glas zu sehen ist, mindestens so interessant wie eine Vorstellung im Schuhkarton.

Fülle ein großes, glattes Marmeladenglas (oder, falls du noch eins hast, ein Weckglas) mit Wasser. Suche zusammen mit deinem Enkelkind eine Ansichtskarte aus, auf der es wirklich was zu sehen gibt. Stecke sie in das Glas und biege sie. Erfolg garantiert! Die Karte (oder das Foto) bleibt schön stehen und ... erhält eine weitere Dimension!

BESTICKTE KARTE

Benötigt werden:

- Ansichtskarte
- Stopfnadel
- Wolle oder Baumwolle

Ein verregneter Ferientag.
»Oma, ich langweile mich!«
Zum Glück fällt dir eine schöne Bastelei ein:
»Wir werden eine Karte besticken.«

Vielleicht hast du ja noch eine Dose mit alten Ansichtskarten. Wenn nicht, tut's auch eine neuere, einfache und nicht zu volle Ansichtskarte.
Am schönsten wäre eine Karte mit einem Tier oder einer Blume drauf. Das macht das »Sticken« einfacher.
Für kleine Kinder stichst du mit einer Nadel kleine Löcher rund um den Umriss, sagen wir mal, einer Katze.
Danach kann das Kind selbst sticken.
Ältere Kinder können die Konturen der Abbildung allein sticken.

BOMMELN

Benötigt werden:

- zwei kleine Pappen
- Schere
- Wolle (nicht zu dünn)
- ein Glas oder eine Münze (Hilfsmittel)

Bommeln … Wer hatte die nicht als Kind? An Schal und Mütze. Oder auf den Puschen. Es ist nicht schwer, solche Bommeln oder Pompons selbst zu machen, und auch die Kinder von heute finden es immer noch schön, der Oma dabei zuzusehen. Und wenn Oma auch noch stricken kann (!), kommen natürlich auch ein Schal oder gestrickte Puschen dazu. Wie werden Bommeln gemacht?

Du beginnst, indem du aus den Pappen zwei gleich große Kreise ausschneidest. Als Hilfsmittel kannst du ein Glas von ca. 7 cm Durchmesser verwenden. Dann muss ein Loch von ca. 2 cm Größe in die Mitte geschnitten werden. Hierfür kannst du eine Münze nehmen (einfach mit einem Bleistift um Glas und Münze eine Linie ziehen und ausschneiden).

Was behält immer das gleiche Gewicht, wie groß es auch sein mag?

Ein Loch.

Inzwischen liegt schon ein Knäuel Wolle bereit.
Lege die beiden Pappkreise aufeinander und beginne, nachdem du den Faden befestigt hast, die Wolle aus der Mitte heraus um die Pappkreise zu wickeln.
Achte darauf, dass die Fäden dicht nebeneinanderliegen. Das ist alles.
Aber wie wird ein Bommel draus?
Drücke die Kreise gut aufeinander und schneide mit der Schere die äußersten Schlaufen durch.
Ziehe einen festen Faden zwischen den zwei Pappkreisen zur Mitte des Bommels durch und knote ihn gut fest.
Entferne die Pappen und ... siehe da!
Wenn nötig, kannst du das Knäuelchen noch etwas in Form schneiden.

EINFACHE KETTE

Benötigt werden:

- Heftfaden
- Nadel
- Aluminiumfolie
- Knöpfe
- Bohnen und/oder Erbsen
- Kerne (von Melonen, Sonnenblumen usw.)
- Schaschlikspieße

Ein Kind ist schnell zufriedengestellt, hieß es früher. Eigentlich ist das immer noch so, besonders bei den Kleinen. Schau dir nur mal einen Knirps an, wie er immer wieder nach der Wäscheklammer greift. Oder das Krabbelkind, das sich beim »Kuckuck«-Spiel schlapp lacht und es immerzu wiederholen will.

Darum findet es ein Kind von ca. sechs Jahren toll, selbst Perlen zu machen, z. B. aus Aluminium- oder getönter Silberfolie (von den kleinen Schokoladentäfelchen).
Die Löcher entstehen dadurch, dass die Folie um einen Schaschlikspieß herum »geknetet« wird. Beim Auffädeln der Kette oder des Armbandes kannst du dazwischen ab und zu kleine Knöpfe aufziehen.
Es macht auch Spaß, eine Samenkette zu basteln. Oder eine Kette aus Bohnen und/oder Erbsen. Weiche die Hülsenfrüchte zuvor für ein paar Stunden ein, dann geht die Nadel leichter durch.

Und im Sommer flechten wir natürlich einen Kranz aus **GÄNSEBLÜMCHEN.** Einfach den einen Stängel durch den anderen stecken. Mit solch einem Kranz auf dem Köpfchen fühlt sich dein Enkelkind wie ein Prinz oder eine Prinzessin!

DIES IST MEINE HAND

Benötigt werden:

- Bleistift
- Schere
- weißes Papier

Kinder zwischen einem und vier Jahren finden es toll, wenn du den Umriss ihrer Hand oder ihres Fußes zeichnest. Geduldig halten sie die Fingerchen gespreizt, und Oma zeichnet vorsichtig eine Bleistiftlinie um sie herum.

»Guck mal, das ist dein Händchen!«
»Zeichnest du auch meinen Fuß, Oma?«
»Na, dann mal los!«

GIRLANDE

Benötigt werden:

- Papier (nicht zu dick)
- Schere

Besonders schön für Kleinkinder ist das Ausschneiden einer Püppchengirlande.

Falte ein Blatt Papier dreimal auf die Hälfte in die gleiche Richtung. Schneide, ausgehend von der Faltlinie, eine Bäuerin aus, wobei der Arm ganz bis an die andere Seite des Streifens ausgeschnitten werden muss.
Nach dem Auffalten halten sich die Figürchen an der Hand. Um die Beinchen voneinander zu trennen, musst du von der Hauptfalte senkrecht noch ein kleines Stückchen wegschneiden.
Schneidest du die ganze Figur in einem Stück aus dem Papierstreifen (z. B. mit einem gesenkten und einem erhobenen Arm), erhältst du acht anstelle von vier Bäuerinnen.
Bestimmt haben die Kinder Lust, die Puppen zu verzieren. Mit einem Gesichtchen, einer Schürze und Knöpfen.

Warum wackelt ein Hund mit seinem Schwanz?

Weil der Schwanz nicht mit dem Hund wackeln kann.

BÄUMCHEN-PFLÜCK-MICH

Benötigt werden:

- verzweigter Ast
- Zeichenpapier
- Schmuckpapier, z. B. Krepppapier oder Aluminiumfolie
- Flasche oder Topf
- Sand

Zu Ostern oder Weihnachten hat Oma für die Enkelkinder gerne etwas Spezielles im Haus. Natürlich kannst du Ostereier und Weihnachtskringel kaufen. Aber wenn du für eine wirkliche Überraschung sorgen willst, machst du ein Bäumchen-pflück-mich.

Dazu suchst du im Garten oder im Wald einen hübsch verzweigten Ast und verleihst ihm ein festliches Aussehen, indem du ihn mit Crêpepapier oder Alufolie umwickelst. Damit er fest steht, steckst du ihn in eine Flasche oder einen Topf mit feuchtem Sand. Danach verzierst du das Bäumchen mit Ostereiern, Weihnachtskringeln, anderen Leckereien, Schleifchen oder dem, was dir sonst so einfällt.

BLATTDRUCKKUNST

Benötigt werden:

- unbeschädigte Blätter, direkt vom Baum
- Zeichenpapier
- Plakatfarbe (am besten verschiedene Farben)
- Tellerchen
- Pinsel
- Schuhkarton

Mache einen Blattabdruck auf Zeichenpapier (oder auch auf einem Schuhkarton), das ist schön und nicht schwer. Probiere es erst einmal selber aus und dann zusammen mit deinem Enkelkind.

Zuerst suchst du gemeinsam mit deinem Enkelkind schöne Blätter, kleine und große.
Achte darauf, Blätter auszuwählen, die einen deutlichen Nerv haben, wie die Blätter von Eiche, Ahorn und Farn.
Vermische auf einem Tellerchen etwas Plakatfarbe mit ein paar Tropfen Wasser.
Tauche den Pinsel in die Farbe und streiche das meiste davon auf einer Zeitung wieder ab: Es darf nicht viel Farbe am Pinsel bleiben. Nun bestreichst du das

Was passiert mit einer Kuh, die im Regen steht?

Sie wird nass.

Blatt vorsichtig und legst es mit der gefärbten Seite auf ein Stück Papier, einen Schuhkarton oder eine ähnliche Unterlage.
Bedecke das Blatt mit einem Stückchen Küchenrolle und drücke es sanft an. Das Blatt kann jetzt sofort wieder (ganz vorsichtig) hochgenommen und erneut benutzt werden.

WENN OMA AUF DEN GESCHMACK GEKOMMEN IST, KANN SIE VIELLEICHT IM HAUS AUCH NOCH EINE WAND VERSCHÖNERN!

GELD MACHEN

Benötigt werden:
- Aluminiumfolie (oder ein Blatt weißes Papier)
- Zahnbürste (oder Bleistift/Buntstifte)
- Euromünzen

Kinder spielen gerne Kaufmannsladen. Und zum Kaufen und Verkaufen gehört Geld. Schön ist es, dieses Geld selber zu machen:

Lege ein Stückchen Folie über eine Euromünze, streiche mit einer weichen Zahnbürste darüber, und siehe da – ein »Euro«. Mit einem Knopf darin eingewickelt wirkt er fast wie echt! Auf die gleiche Art kannst du auch andere Abdrücke machen, z. B. von einem Schlüssel oder einem Messer.

Geld kannst du auch mit einem weißen Papier und einem Bleistift machen. Lege das Papier über die Münze und streiche vorsichtig mit einem Blei- oder Buntstift darüber. Danach ausschneiden.

LANGHALS AUS DER SCHACHTEL

Benötigt werden:

- große Streichholzschachtel
- Bleistift oder Kugelschreiber

Kinder mögen Witziges. Und besonders bei den Kleinen hast du schon mit ganz einfachen Dingen schnell Erfolg.

Nimm eine leere große Streichholzschachtel und beklebe sie mit weißem Papier. Zeichne hierauf den Körper eines Mannes mit Beinen (vgl. Abbildung).
Auf die Unterseite der Innenschachtel zeichnest du einen Kopf mit einem gaaanz langen Hals.
Nun machst du die Schachtel zu und der Spaß kann beginnen: Schau nur, wie der Langhals nach oben flutscht …

Warum überquerte das Kaugummi die Straße?

Weil es an einer Hühnerkralle festklebte.

PLUMPSACK

Dieses Spiel war zu Omas Zeiten auf jedem Geburtstag der Favorit! Aber kennst du auch noch den dazugehörigen Spruch? Er geht so:

Dreht euch nicht um,
denn der Plumpsack geht um.
Wer sich umdreht oder lacht,
kriegt den Buckel blau gemacht!

Die Kinder sitzen oder stehen im Kreis und halten die Hände so auf dem Rücken, dass etwas hineingelegt werden kann. Eines der Kinder geht mit einem geknoteten Taschentuch (am besten aus Stoff!) um den Kreis herum und sagt den Plumpsackspruch. Irgendwann legt es das Taschentuch einem der Kinder in die Hände. Dieses Kind klopft einem seiner Nachbarn auf den Rücken und beide rennen entgegen der Laufrichtung des Plumpsacks um den Kreis herum. Auch der Plumpsack rennt weiter. Jeder der drei Kinder versucht, an einen der zwei frei gewordenen Plätze zu kommen.
Wer übrig bleibt, ist der neue Plumpsack und geht wieder um.

PASS AUF, WO DU HINTRITTST!

Auch dies ist ein schönes Spiel für einen Kindergeburtstag.

Oma stellt zerbrechliche Dinge, z. B. Vasen, Gläser und eine Schirmlampe, in die Mitte des Zimmers. Die Geburtstagsgäste sehen dies und fragen sich, was das wohl zu bedeuten habe. Oma erklärt es: »Ihr verlasst gleich alle den Raum, abgesehen vom Geburtstagskind, denn das muss mir helfen. Es bindet euch – einem nach dem anderen – ein Tuch vor die Augen und dann müssen alle Spieler versuchen, vorsichtig über die Gläser und Vasen zu steigen.«
»Aber dann gehen sie doch kaputt!«, ruft eines der Kinder. »Macht nichts«, sagt Oma, »da hilft Aufräumen.« Die Kinder verlassen das Zimmer und das Spiel kann beginnen. Kaum sind sie aus der Tür verschwunden, zieht Oma das Geburtstagskind ins Vertrauen: »Wir nehmen alle Gläser und Vasen weg«, flüstert sie. »Und dann schau dir an, was sie für seltsame Kapriolen vollführen, um ja nichts kaputt zu machen!«
Bei jedem Kind geschieht natürlich das Gleiche. Und wer hat den meisten Spaß? Die Kinder, die bereits selbst reingefallen sind und danach zuschauen dürfen.

Wann weißt du, dass ein Elefant unter deinem Bett sitzt?

Wenn du mit deiner Nase an die Decke stößt.

FOTORAHMEN

Benötigt werden:

- Untertasse
- Bleistift
- Schere
- Klebstoff
- Klebeband mit Schnur oder Bilderhaken
- Foto
- Glas

Irgendwie komisch, aber normalerweise zerbricht die Tasse eher als die Untertasse. Und somit steht im Keller oder im Gerümpelschrank ein Stapel mit überzähligen Untertassen. Du kannst sie als Blumentopfuntersetzer verwenden – oder mit deinem Enkelkind einen Fotorahmen daraus basteln.
Wie das geht? Ganz einfach.

Zunächst sucht ihr zusammen ein schönes Foto aus. Dann nimmst du eine Untertasse und ein Glas.
Das Glas muss den gleichen Durchmesser haben wie der Innenrand der Untertasse, »Spiegel« genannt. Das Glas ist nur ein Hilfsmittel: Setze es auf das Foto, ziehe einen Strich um das Glas und schneide das Foto schön rund aus. Jetzt musst du nur noch das Foto aufkleben und an der Rückseite der Untertasse einen Haken befestigen. Anstelle des Hakens kannst du auch Klebeband mit Schnur verwenden.

SUPERBLUMEN

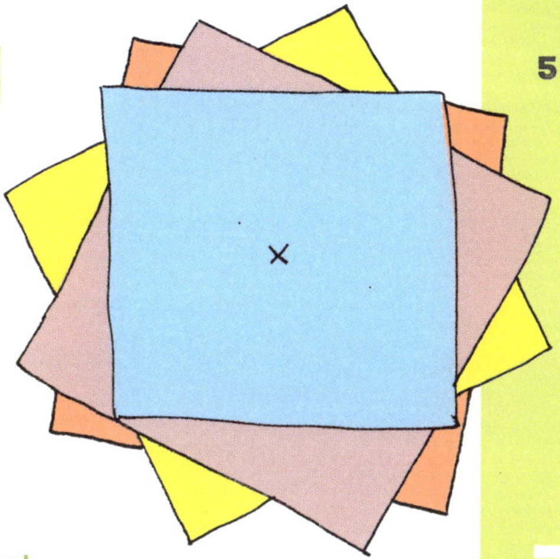

Benötigt werden:

- Servietten
- Klebeband
- Stöckchen
- Krepppapier
- Aluminiumfolie

Selbst Blumen basteln ist eine schöne und einfache Arbeit.Probiere es zunächst einmal selber aus, zeige deine Blume dann deinen Enkelkindern und schon bald bastelt ihr gemeinsam ein hübsches Bukett.

Vielleicht hast du Servietten in verschiedenen Farben im Haus, das macht das Bukett fröhlicher. Beginne, indem du die Serviettenlagen voneinander trennst. Lege sie danach lose (immer abwechselnd einmal umgedreht) aufeinander und nimm sie in der Mitte gefasst hoch. Drehe danach die werdende Blume um, ordne ihre Blätter und verdrehe die zusammengefassten Enden miteinander. Die Anzahl der Blütenblätter und die Größe der Blume sind abhängig von der Anzahl an Serviettenlagen. Befestige das zusammengedrehte Ende der Blume mit Klebeband an einem Stöckchen und umwickle den Stielansatz mit Krepppapier oder Alufolie.

PFÄNDERSPIEL

Noch so ein schönes Spiel aus Omas Kindertagen.

Die Kinder setzen sich im Kreis hin, nachdem jedes bei Oma oder jemand anderem, der die Spielleitung hat, ein Pfand abgegeben hat.
Die Kinder dürfen nicht sehen, was die anderen abgeben. Es kann ein Ring sein, ein Knopf, eine Schnur, ein Taschentuch usw.
Oma legt die Dinge in die Mitte des Kreises.
Einer der Mitspieler beginnt und nimmt einen Gegenstand aus dem Haufen. Er oder sie hält ihn hoch und der Besitzer/die Besitzerin ruft: »Meins!«
Der Besitzer/die Besitzerin muss nun eine Aufgabe erfüllen, z. B. Wasser in eine kleine Flasche füllen, ohne zu kleckern, ein Rätsel lösen oder einmal auf einem Bein um den Kinderkreis herumhüpfen.
Wenn das gelingt, bekommt der Spieler sein Pfand zurück und setzt sich wieder dazu.
Gelingt es nicht, wählt das nächste Kind ein Pfand aus und der Mitspieler muss stehen bleiben, bis sein/ihr Pfand erneut in die Höhe gehalten wird.

Warum vergessen Elefanten nie etwas?

Weil ihnen nie jemand was erzählt.

KOFFERPACKEN

Ein lustiges »Denksportspiel«.

Die Kinder sitzen im Kreis und eines von ihnen beginnt mit »Ich packe meinen Koffer und nehme mit … eine Zahnbürste.« Das nächste Kind fügt etwas hinzu: »Ich packe meinen Koffer und nehme mit … eine Zahnbürste und … ein Handtuch.« Jeder Mitspieler fügt etwas hinzu und so wird die aufzusagende Reihe stets länger. Derjenige Mitspieler, der einen der Gegenstände in der Reihe zu nennen vergisst, scheidet aus. Am Schluss bleibt ein Gewinner übrig.

KOPF UND SCHWANZ

Die Spieler sitzen im Kreis. Der erste Spieler sagt ein Wort, das aus zwei Hauptwörtern besteht, zum Beispiel »Rathaus«. Der nächste Spieler muss nun, bevor ein anderer Spieler laut bis 10 gezählt hat, ein Wort nennen, das ebenfalls aus zwei Hauptwörtern besteht und mit dem letzten Hauptwort des vom vorigen Spieler genannten Wortes beginnt. Er sagt also zum Beispiel »Haustür«, und der folgende Spieler »Türklingel«. Und so geht es immer weiter.

AUSTÜR-TÜRKLINGEL-KLINGELKNOPF-KNOPFLOCH

SEIFENBLASEN

Benötigt werden:

- Topf oder Kübel
- Wasser
- Geschirrspülmittel
- ein Spritzer Glyzerin
- Seifenblasenstiel oder Eisendraht

Seifenblasen sind eine faszinierende Beschäftigung für Kinder. Da gleiten sie dahin, die großen und kleinen Blasen in märchenhaften Farben. Sie platzen entzwei oder bleiben eine kleine Weile am Leben.

Gieße ungefähr 1,5 Zentimeter Wasser in einen Topf oder Kübel und füge einige Spritzer Geschirrspülmittel hinzu. Rühre Wasser und Geschirrspülmittel ganz vorsichtig durch: Mache so wenig Schaum wie möglich! Superseifenblasen bekommst du, wenn du der Lauge einen Spritzer Glycerin hinzufügst. Tauche den Seifenblasenstiel in das Seifenwasser und ... einfach blasen. Den schon etwas älteren Enkelkindern kannst du erzählen, dass Gelehrte Seifenblasen unter dem

TIPP: Wenn du keinen Seifenblasenstiel im Haus hast, geht es auch mit einem Eisendraht: Knipse ein Stückchen Draht ab und drehe es oben zu einer Schlaufe zusammen.

Mikroskop studiert haben. Seifenblasen gehören zu den dünnsten Objekten, die noch wahrgenommen werden können: Eine Seifenblase ist fünftausendmal dünner als ein Kopfhaar. Und ob du es glaubst oder nicht, es ist Wissenschaftlern gelungen, eine Seifenblase zwei Jahre am Leben zu halten!

ZAHLENRÄTSEL

Ein Rätsel für die Schlauberger unter deinen Enkelkindern.

Ein Kaufmann sagt zu einem anderen Kaufmann: »Gib mir eines deiner Pferde, dann haben wir beide gleich viele.«
Der andere antwortet: »Gib du mir lieber eines von deinen, dann habe ich zweimal so viele wie du.«
Wie viele Pferde hat jeder Kaufmann?

Antwort: Der eine 5, der andere 7.

BLUMENSPRACHE

Eine rote Rose. Jede Großmutter weiß noch, was das bedeutet. Die bekommst du von deinem Liebsten! Eine rote Rose ist das Symbol der Liebe. Aber es gibt noch mehr Blumen und Gewächse mit einer Bedeutung. Es ist schön, deinen Enkelkindern davon zu erzählen. Hast du sie vergessen?

Hier sind sie:

Die Rose: **LIEBE**

Die Lilie: **UNSCHULD**

Der Lorbeerzweig: **RUHM**

Das Veilchen: **BESCHEIDENHEIT**

Die Brennnessel: **NEID**

Die Kornblume: **STANDHAFTIGKEIT**

Der Palmenzweig: **SIEG**

Der Rittersporn: **EHRE**

Der Aronstab: **REUE**

Der Eichenzweig: **KRAFT**

FARBENSPRACHE

Die Sprache der Farben, niemand weiß, wer sie erfunden hat. Doch fast jede Oma, ob jung oder alt, kann den Reim noch aufsagen oder singen. Und ihre Enkelkinder, insbesondere die Mädchen, finden ihn toll:

Die Liebe ist rosa,
die Treue ist blau,
gelb ist der Hass
und die Schmach, die ist grau.

Grün ist die Hoffnung,
die Leidenschaft rot,
weiß ist die Unschuld
und schwarz ist der Tod.

Was ist dreckig, wenn es weiß ist, und sauber, wenn es schwarz ist

Eine Tafel.

WIESENBLUMEN-STRAUSS

Benötigt werden:

- scharfes Messer
- Plastiktüte oder feuchter Waschlappen

Die Feldwege hinauf, die Alleen entlang ... mit dem Rad oder zu Fuß. Es ist Juni und es scheint, als ob alles, was lebt, ein Fest feiert. Hummeln, Bienen, Käfer, Schmetterlinge, Raupen, Grillen und Frösche führen summend und jubilierend ihr Sommerspiel auf. Wegesränder und Weiden sind eingefärbt von fünfzig verschiedenen Arten von Wildblumen. »Dürfen wir sie pflücken?« – »Natürlich!«, ruft Oma, »mit Ausnahme der geschützten Blumen, von denen es nur noch sehr wenige gibt.«

Nehmt auf eure Streifzüge eine feuchte Plastiktüte oder einen feuchten Waschlappen mit, um die Wiesenblumen vor dem Austrocknen zu schützen; und ein Messer für die zähen Stiele. Ein langes Leben ist einem Feldblumenstrauß nicht beschieden. Der Sauerampfer ist schön in einem Strauß, verwelkt jedoch schnell. Etwas langlebiger sind Wiesenkerbel, Butterblumen, Margeriten, Malven und Gräser.
Na ja, letztlich geht es doch vor allem um den schönen Sommertag und ein Feld- und Wiesenstrauß gibt ihm die besondere Note.

TIPP: Wiesenblumen sind durstig. Zweimal täglich Wasser nachfüllen. Auch etwas Blumendünger kann nicht schaden.

FALLSPIELE

Das Schöne an diesen zwei Liedern ist, dass die Kinder am Ende auf ihre Popos fallen:

Hoppe, hoppe, Reiter,
wenn er fällt, dann schreit er.
Fällt er in den Graben,
fressen ihn die Raben.
Fällt er in die Hecken,
fressen ihn die Schnecken.
Fällt er in das Wasser,
macht er sich noch nasser.
Fällt er in den Sumpf,
macht der Reiter PLUMPS!*

Auch bei diesem Lied fallen die kleinen Kinder am Ende auf den Popo:

Ich wippe und wippe,
ich kippe und kippe,
ich wippe und kippe immer noch –
rumms, du sitzt im Kellerloch!*

* Kind auf dem Schoß halten und wippen, bei »plumps« bzw. »rumms« durch die Beine rutschen lassen (aber natürlich gut festhalten!).

ÜBERRASCHUNGS-MELONE

Benötigt werden:

- eine reife Melone
- verschiedene Sommerfrüchte

Was schmeckt leckerer an einem Sommertag als eine reife Melone! Herrlich, wie erfrischend und saftig sie ist.

Mit einem speziellen Melonenlöffel kannst du Kügelchen ausstechen und diese mit Schinken servieren. Überraschender ist es, wenn du die Kappe von der Melone abschneidest und die Melone vorsichtig aushöhlst. Das Fruchtfleisch kommt in eine Schale und wird danach vermischt mit Erdbeeren, roten Beeren, Stückchen von Äpfeln, Birnen, Pfirsichen und dem, was es noch so alles beim Obsthändler gibt. Das alles füllst du wieder in die Melone, bis sie fast überquillt. Die Kappe kommt als Deckel locker wieder oben drauf, denn dann kann eine kleine Staude roter Beeren herausgucken.

»Kinder, Überraschungs-melone!«, ruft Oma – und das braucht sie nicht zweimal zu sagen.

Warum haben Elefanten so viele Falten?

Hast du jemals versucht, sie zu bügeln?

KINDERBIER

Benötigt werden:

- 5 l Wasser
- 5 Dolden vom Holunder
- 2 dl Essig
- 500 g Zucker
- 1 Zitrone, in Scheiben geschnitten

Vielleicht besitzt du selbst keinen Holunderbusch, aber höchstwahrscheinlich kennst du jemanden, der einen solchen Strauch im Garten stehen hat, oder du findest einen wilden Holunder. Auf jeden Fall kannst du aus den würzig schmeckenden Schirmdolden ein herrliches »Bier« für deine Enkelkinder brauen.

Gib die Zutaten in einen Kübel oder Eimer und stelle ihn an einen kühlen Platz. Zweimal am Tag muss kurz umgerührt werden. Nach vier Tagen ist das Holunderbier fertig und kann (nachdem es gesiebt wurde) in Flaschen gefüllt werden.
An einem kühlen Platz bleibt das Getränk mindestens eine Woche haltbar.

Was ist ein Vulkan?

Ein Berg mit Schluckauf.

HEXENSPIEL

Benötigt wird:

• eine weiche Schnur von 1,5 bis 2 m Länge

Zweifelsohne haben es alle Omas in ihrer Jugendzeit gespielt, das Hexenspiel, bei dem ein an den Enden zusammengeknotetes Stückchen Schnur zwischen den Fingern gewoben wird.
Das Spiel ist jahrhundertealt und hat seinen Ursprung wahrscheinlich im Fernen Osten.
Bei uns spielte man es vor allem während der langen Winterabende, wobei das Spiel oft von Liedern und Reimen begleitet wurde.

Zu Anfang heißt es, sich kurz an die Anleitungen zu gewöhnen. Hierbei werden folgende Bezeichnungen verwendet:

1. *Daumenfaden*
2. *hinterer Daumenfaden*
3. *vorderer Kleiner-Finger-Faden*
4. *hinterer Zeigefingerfaden*
5. *hinterer Kleiner-Finger-Faden*

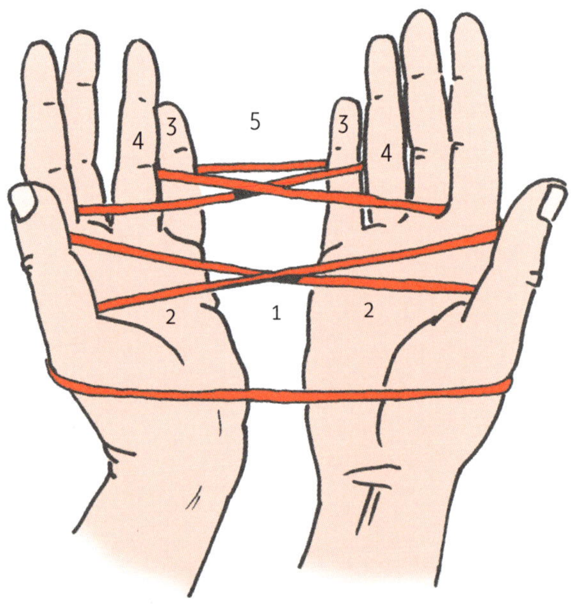

DIE ANFANGSSTELLUNG

Auf diesen Seiten ist eine der herkömmlichsten Anfangsstellungen abgebildet. Ausgehend von dieser Figur kannst du viele Variationen ausprobieren.

Wickle den Faden, wie in Abbildung 1 gezeigt, um deine Hände. Mit dem rechten Zeigefinger wird der Faden zwischen kleinem Finger und Daumen der linken Hand abgenommen (Abb. 2 und 3).

1

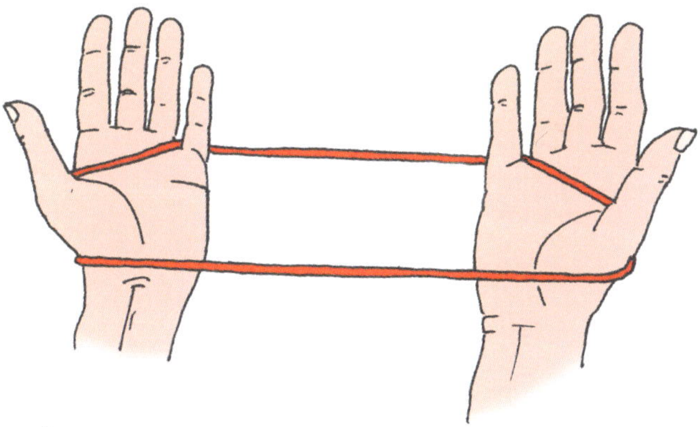

2

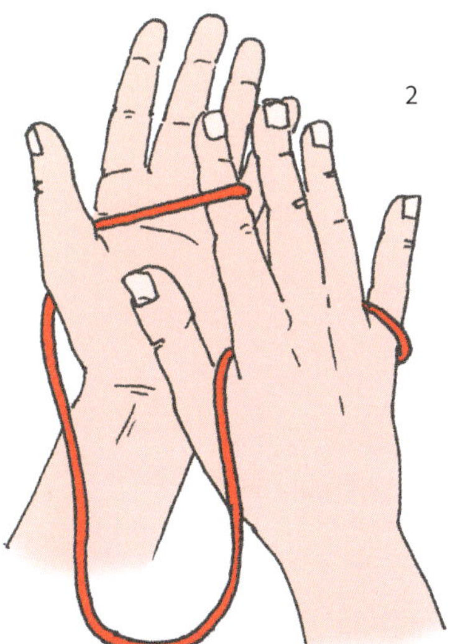

3

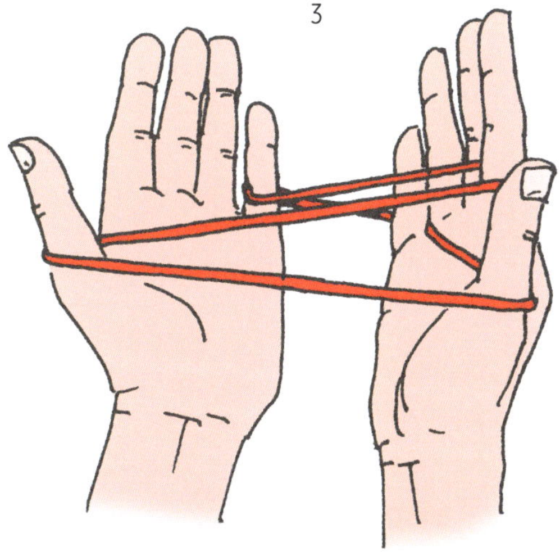

Genauso verfährst du nun mit dem Zeigefinger der linken Hand (Abb. 4).

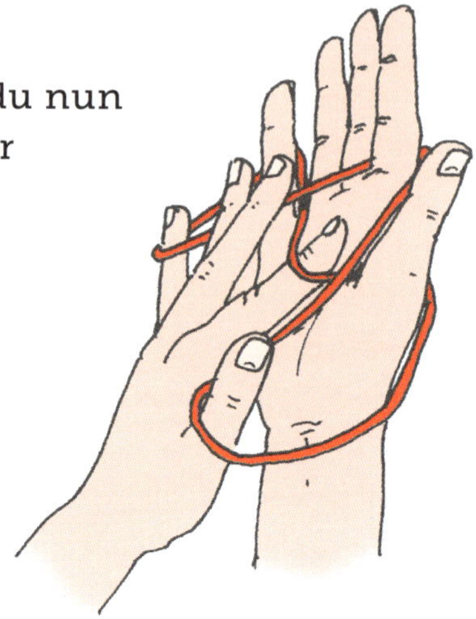

4

Bewege deine Hände mit gespreizten Fingern auseinander und du erhältst die Öffnung (Abb. 5).

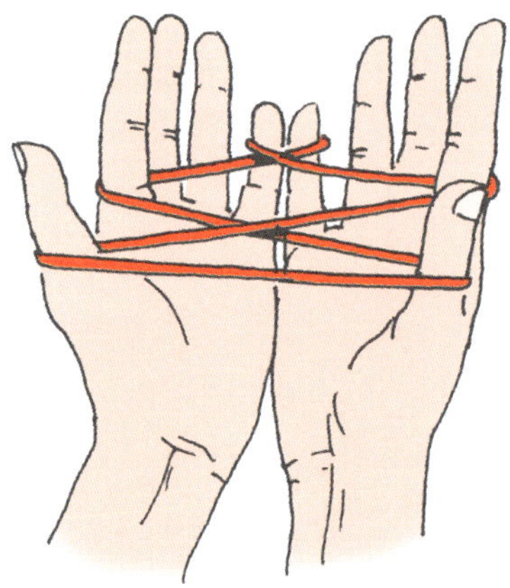

5

Die Anfangsstellung ist nicht schwer. Du musst nur darauf achten, dass du mit der rechten Hand beginnst. Tust du es nicht, kreuzen sich die Fäden verkehrt herum, sodass du beim Bilden der nachfolgenden Figuren Schwierigkeiten bekommst.

TASSE UND UNTERTASSE

Ausgehend von der Anfangsstellung biegst du beide Daumen unter den hinteren Zeigefingerfäden durch (Abb. 1) und ziehst diese nach vorne.
Hebe den Daumenfaden über beide Daumen und die hinteren Zeigefingerfäden, die nun auch um die Daumen gewickelt sind (Abb. 2).

1

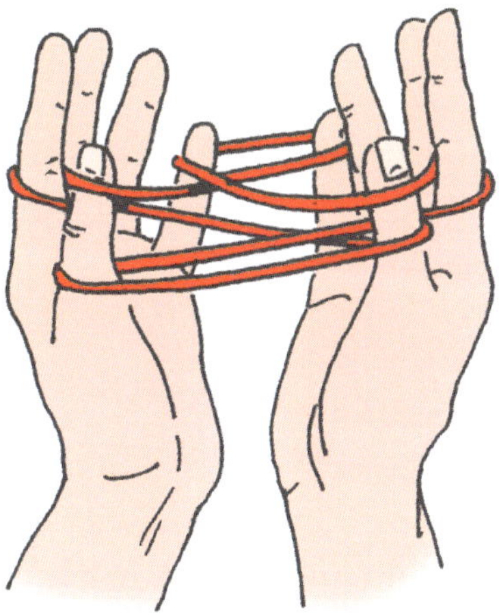

2

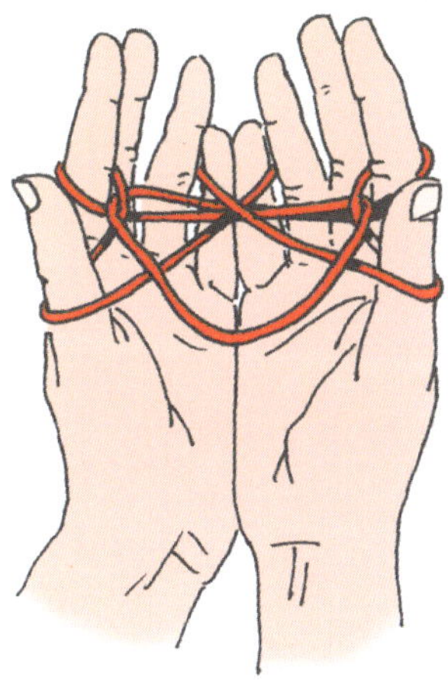

Dem routinierteren Spieler wird die letzte Bewegung unter dem Namen *Navajosprung* bekannt sein. Dies ist eine Bewegung, bei der eine Schlaufe oder ein Faden über eine höhersitzende Schlaufe oder einen Faden »springt« und danach frei wird. Es gibt viele Arten, diesen Sprung auszuführen; am einfachsten ist es, den Daumenfaden mit dem Mund über die oberen Fäden zu heben und frei zu lassen.

Nach diesen Schritten hast du nun die Figur in Abbildung 3 erhalten. Jetzt befreist du deine kleinen Finger, indem du den vorderen und hinteren Faden um die kleinen Finger über die kleinen Finger hebst (Abb. 4).

4

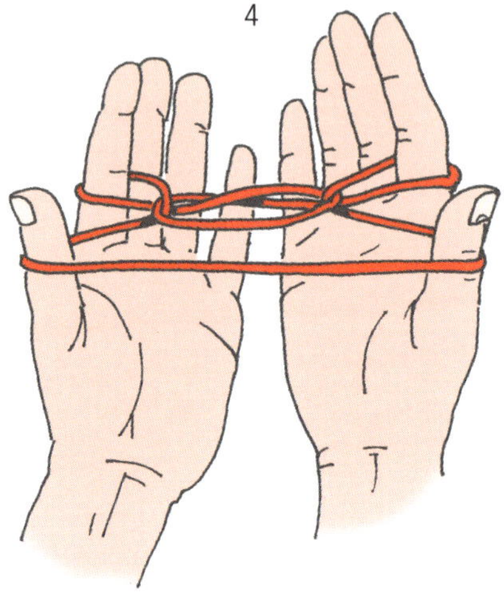

5

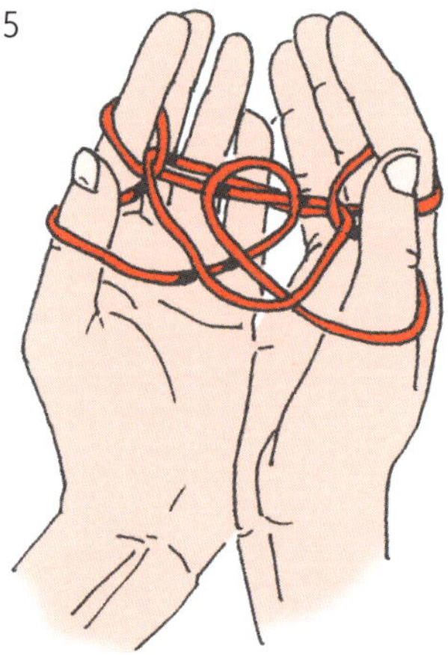

Tasse und Untertasse sind nun fertig. Um sie richtig schön zur Geltung zu bringen, hebst du beide Schlaufen von den Mittelfingern auf die kleinen Finger und führst beide Hände mit gespreizten kleinen Fingern und Daumen auseinander (Abb. 5).

6

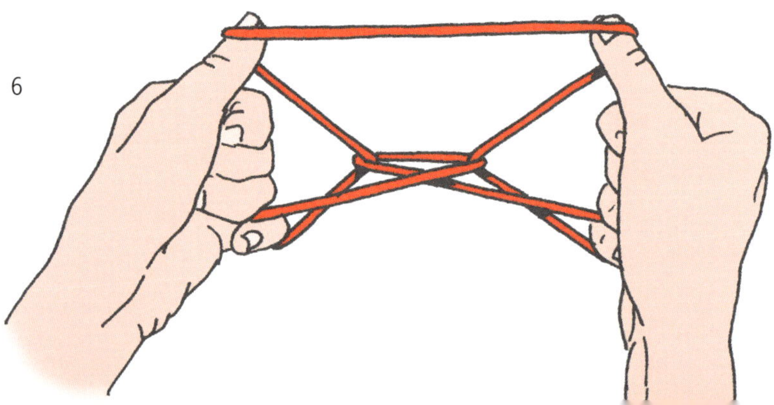

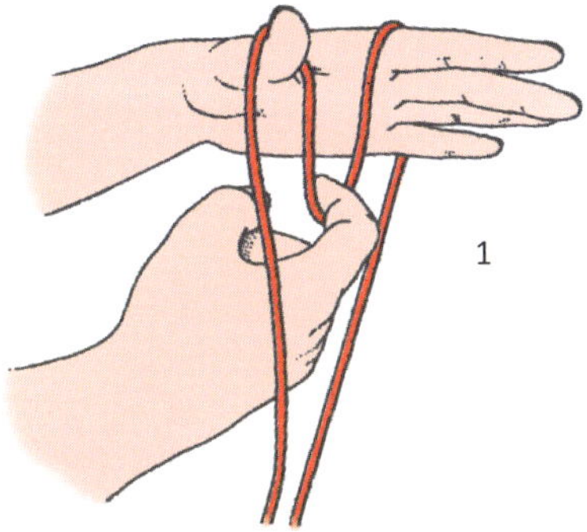

1

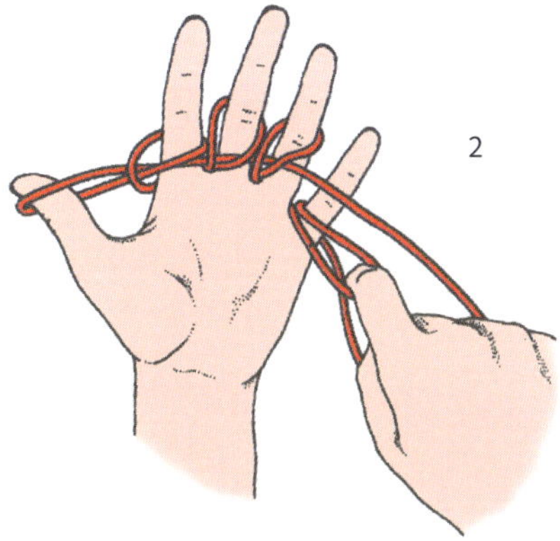

2

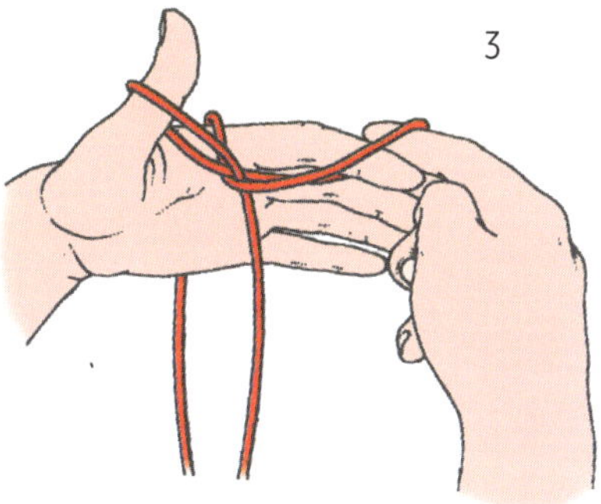

3

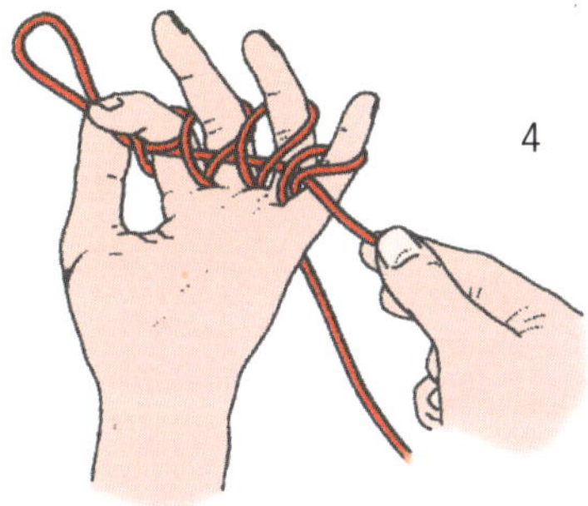

4

DIE MAUS

Hänge den Faden über deine Hand und ziehe ihn zwischen Daumen und Zeigefinger nach unten (Abb. 1). Stecke deinen Zeigefinger durch die Schlaufe, drehe sie eine halbe Drehung und lege die Schlaufe danach um deinen Zeigefinger (Abb. 2). Stecke danach den Zeigefinger der rechten Hand durch den vorderen Faden zwischen Zeige- und Mittelfinger und hebe ihn über den hinteren Faden deines linken Zeigefingers. Wiederhole das mit allen anderen Fingern. Das ist ein wenig wie Fingerhäkeln (Abb. 3). Wenn du alle fünf Finger auf diese Art »aneinandergehäkelt« hast, schiebst du die Schlaufen an den Fingern nach unten. Lasse die Daumenschlaufe frei, ziehe am Ende des Fadens – und die Maus entkommt (Abb. 4).

HÄNDCHENSPIEL

Benötigt werden:

- vier oder mehr Hände

Ein altes Kinderspiel, das geht so:

Ein Kind legt dem anderen seine Hand auf die Hand, dieses tut's ihm nach und immer so weiter ohne Unterlass, denn jedes Mal, wenn alle vier Hände übereinanderliegen, wandert die unterste obenauf. Es gibt kein Kind auf der ganzen Welt, das dieses Spiel nicht mag.

Was hat einen Hals, aber keinen Kopf?

Eine Flasche.

DECKCHEN SCHNEIDEN

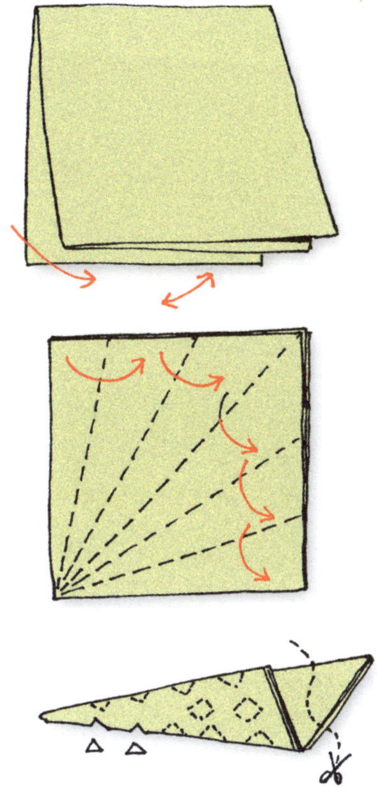

Benötigt werden:

- weiße oder bunte Papierblätter
- spitze Schere

Die Omas der heutigen Omas häkelten immerzu schöne Deckchen, die dann sonntags auf den Tisch gelegt wurden, um dem Kaffeetrinken eine festliche Note zu geben. Solche Deckchen bekommt man nur noch auf Antik- oder Trödelmärkten. Es ist aber gar nicht schwer, ähnliche Deckchen selbst zu machen.

Nimm ein Blatt Papier von ungefähr 40 x 40 cm.
Falte dieses zunächst in vier Teile und danach in einer Spitze zulaufend, wie auf der Zeichnung zu sehen. Nun kann das Ausschneiden beginnen. Schneide mit einer scharfen Schere schöne Figuren entlang des Randes zur Spitze oder in der Mitte. Lasse deiner Fantasie freien Lauf. Solltest du Lust auf eine Runde Kartenspiel haben, verwende die Kartensymbole und ein grünes Blatt Papier. Wenn du mit dem Ausschneiden fertig bist, falte das Blatt Papier auseinander und streiche es glatt.

DER KRANICH

GRUNDFORM

Benötigt wird:
- Papier

Tja, dies ist jetzt natürlich ein anderes Niveau als das Falten von Servietten, das auf Seite 35 beschrieben wurde – aber es ist der Mühe wert, es einmal auszuprobieren. Wir fangen mit der Grundform an. Aus ihr können viele Vögel gefaltet werden.

1. Falte ein quadratisches Blatt in der Mitte und knicke danach beide Ecken um. Eine nach vorne, eine nach hinten.

2. Das Dreieck gemäß den Pfeilen auffalten und das Ganze sorgfältig flachdrücken, dann die Knicke noch einmal nachstreichen.

3. Drei der Flächen entlang der gestrichelten Linie nach innen und die untere Spitze der obersten Lage wieder nach oben falten – wie es die Pfeile zeigen.

4. Die Figur flachdrücken und das Gleiche mit der Spitze der unteren Lage wiederholen (siehe Pfeil).

5. Dies nun also ist die Grundform des Kranichs.

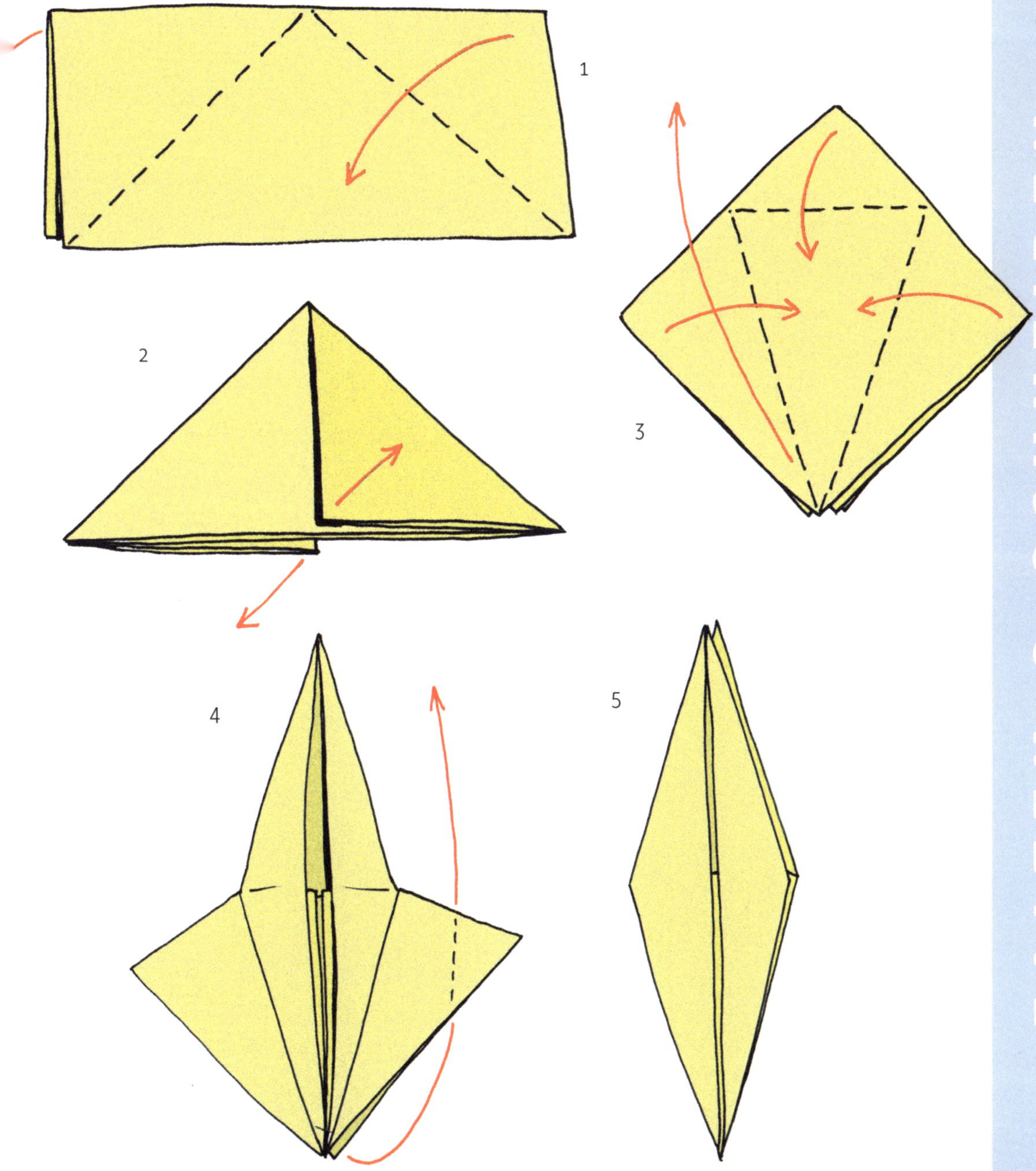
1
2
3
4
5

DER KRANICH

FORTSETZUNG I

1. Von der Grundform die Seiten entlang der gestrichelten Linie falten. Zwei Laschen nach vorne und zwei nach hinten.
2. Zunächst die zwei unteren Spitzen entlang der Strichellinie nach vorne und wieder zurück falten und dann mit einer »entgegengesetzten« Falte wieder nach oben.

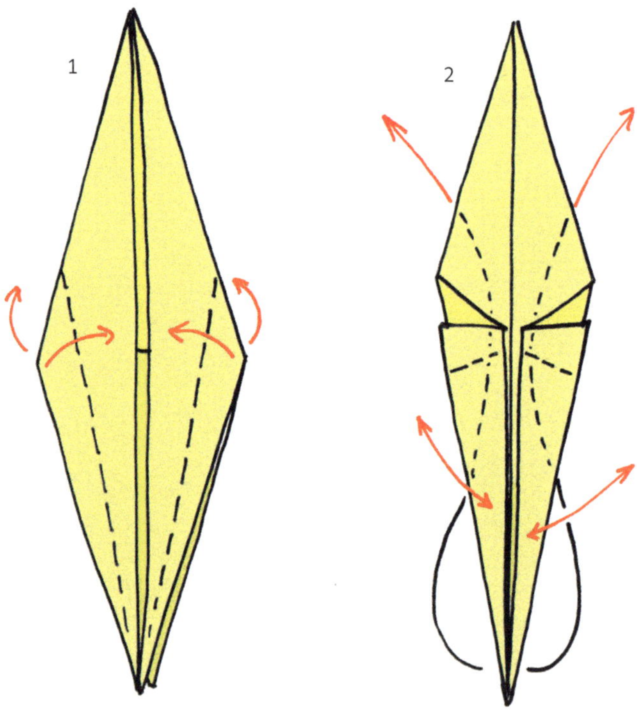

3
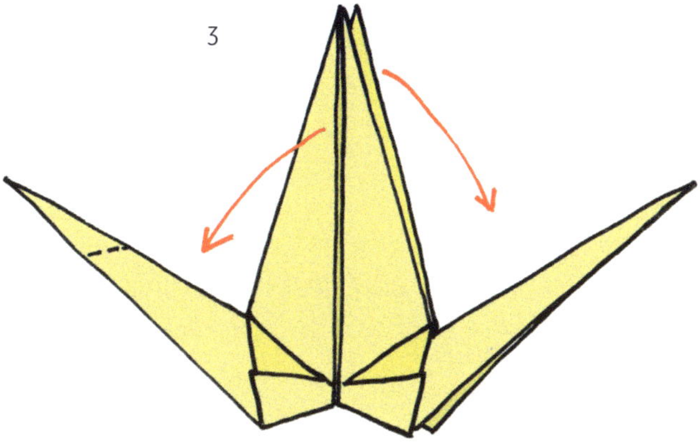

3. Jetzt den Kopf, die linke Lasche, mit einer »entgegengesetzten« Falte nach unten biegen. Die Flügel gemäß den Pfeilen nach außen klappen.

4. Den zum Vorschein kommenden Körper ein wenig auseinander- ziehen.

4
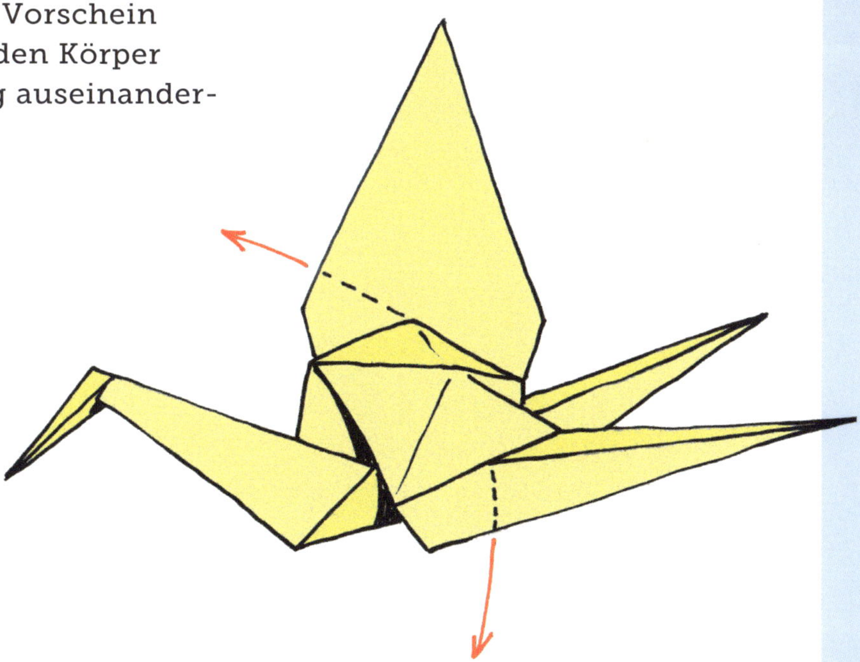

DER KRANICH

FORTSETZUNG II

1. Von der Grundform die linke Seite an beiden Kanten entlang der gestrichelten Linie umknicken. Die rechte Seite – nachdem sie entlang der gestrichelten Linie nach vorne und wieder zurück gefaltet wurde – mittels einer »entgegengesetzten« Falte nach rechts knicken.
2. Die linke Seite, nachdem auch sie entlang der gestrichelten Linie nach vorne und wieder zurück gefaltet wurde, ebenfalls mithilfe einer »entgegengesetzten« Falte nach links knicken. Dann von der rechten Seite die Kanten entlang der Strichellinie nach innen falten.

1

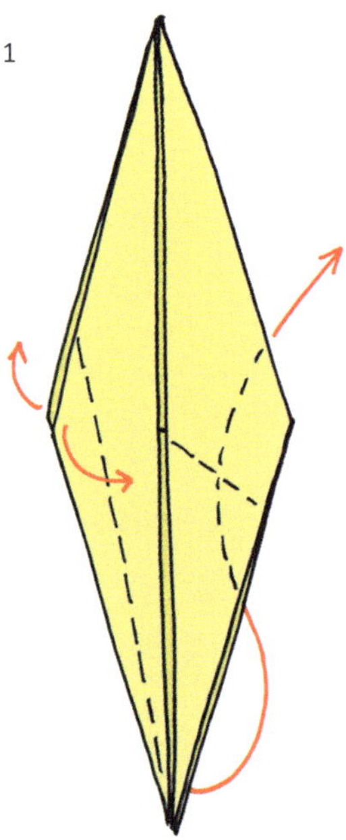

2

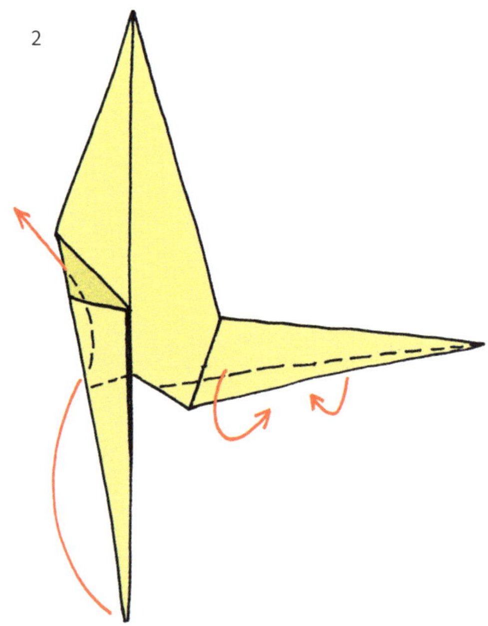

3

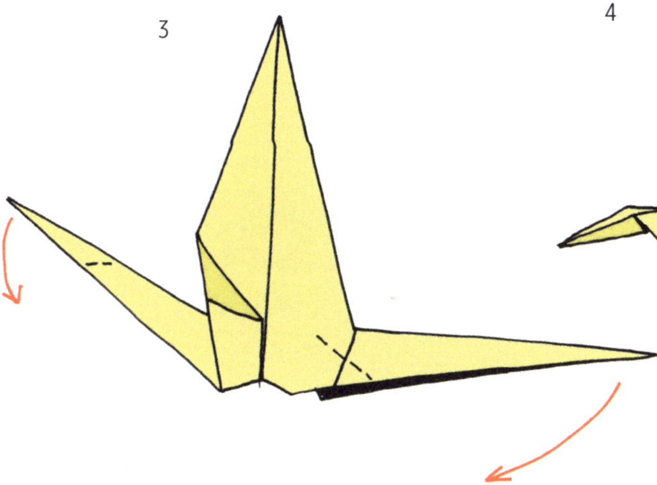

4

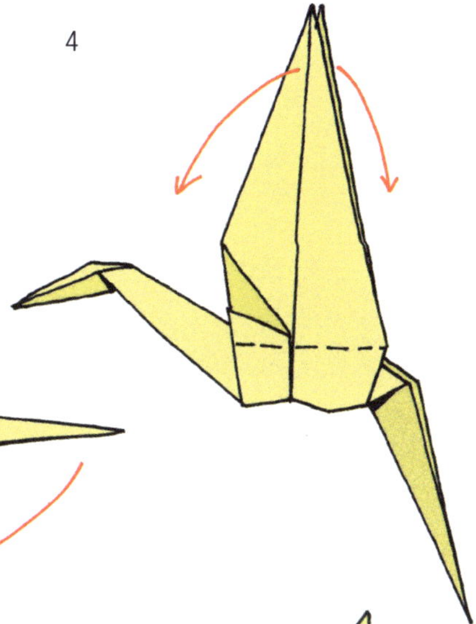

3. Jetzt noch zwei »entgegengesetzte« Falten: eine an der Seite des Kopfes und eine an der Seite der Füße.

4. Entlang der gestrichelten Linien die Flügel nach außen biegen.

5. Nun noch die Spitze auf dem Rücken wie eine Art Briefumschlag dicht falten – fertig ist die Edelversion des Kranichs.

5

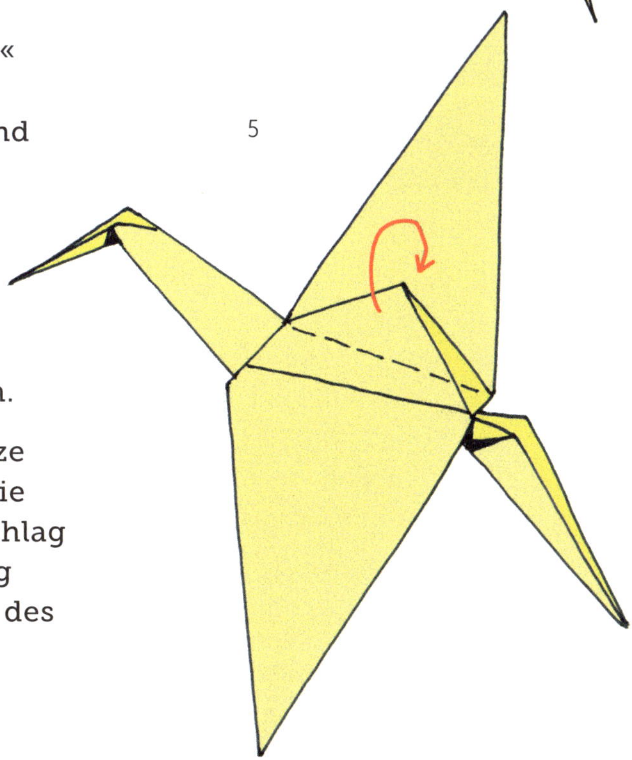

FINGERABZÄHLREIME

Abzählreime helfen die Finger auseinanderzuhalten.

Dies ist der Daumen,
der schüttelt die Pflaumen (Zeigefinger),
der hebt sie auf (Mittelfinger),
der trägt sie nach Haus (Ringfinger)
und der kleine Lümmel
isst sie alle alleine auf (kleiner Finger).

oder:

Alle meine Fingerlein
wollen heute Tiere sein
(mit allen Fingern in der Luft wackeln).
Dieser Daumen ist das Schwein,
dick und fett und ganz allein.
Zeigefinger ist die Kuh,
die schreit immer »muh, muh, muh«.
Mittelfinger ist das Pferd,
von dem Reiter wohl geehrt.
Ringfinger ist der Ziegenbock
mit dem langen Zottelrock.
Und das kleine Fingerlein,
das soll unser Lämmlein sein.
Tierlein, Tierlein im Galopp,
laufen alle hopp, hopp, hopp,
laufen in den Stall hinein,
denn es wird bald finster sein.

(ab »Tierlein, Tierlein ...« wandern die Finger über die Arme zur Achselhöhle
und werden dort bei »es wird bald finster sein« versteckt!)

HARMONIKAZEICHNEN

Benötigt werden:

- Papier
- Bleistifte, Stifte usw.

Auch sehr beliebt bei den Kindern: Zu zweit oder zu dritt (oder mehr) gemeinsam – und doch jeder für sich – eine Zeichnung machen:

Ein Blatt in drei gleiche Teile falten – wie eine Ziehharmonika (vgl. Abbildung). Das erste Kind zeichnet auf seinem Drittel einen Kopf, aber zeigt ihn den anderen nicht. Das zweite Kind zeichnet Arme und Körper, das dritte Beine und Füße. Achtet darauf, dass der Nächste jeweils gerade noch erkennen kann, wo der andere aufgehört hat. Das Ergebnis sorgt immer für Heiterkeit.

Hat rote und schwarze Streifen – was ist das?

Ein Zebra, das zu lange in der Sonne gelegen hat…

SCHATTENSPIELE

Benötigt werden:

- eine helle Lampe
- eine weiße Wand
- zwei Oma-Hände

»Als wir noch keine DVD-Player hatten, dafür aber Zauberlaternen – nun ja, das wird Oma jetzt nicht im Einzelnen ausführen ... Auf jeden Fall vergnügten wir uns damals mit Schattenspielen an der Wand. Und die machen noch immer Spaß! Guckt mal!«

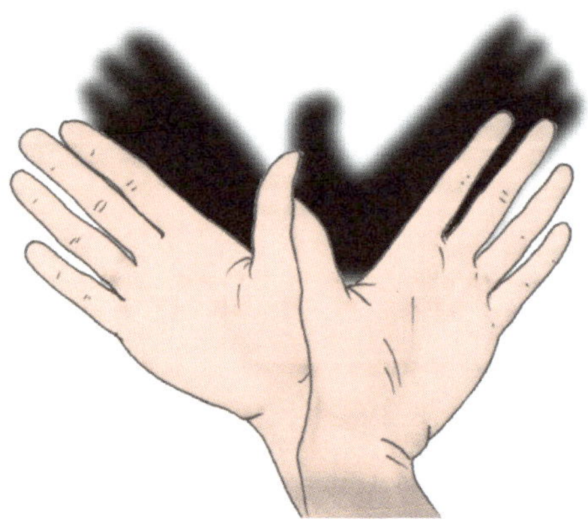

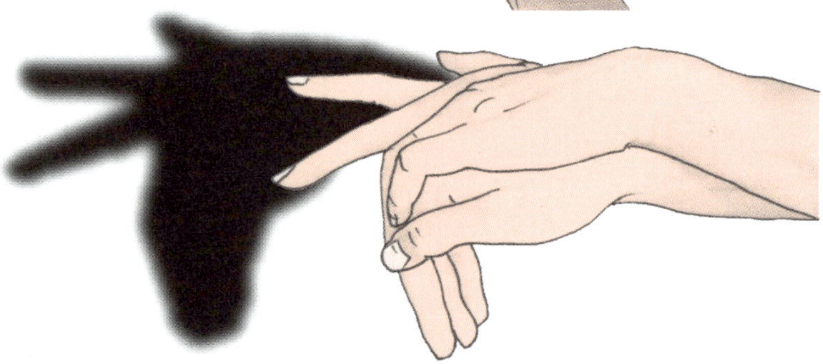

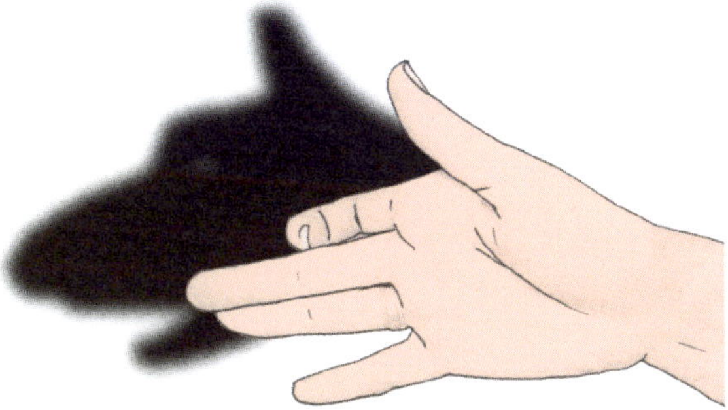

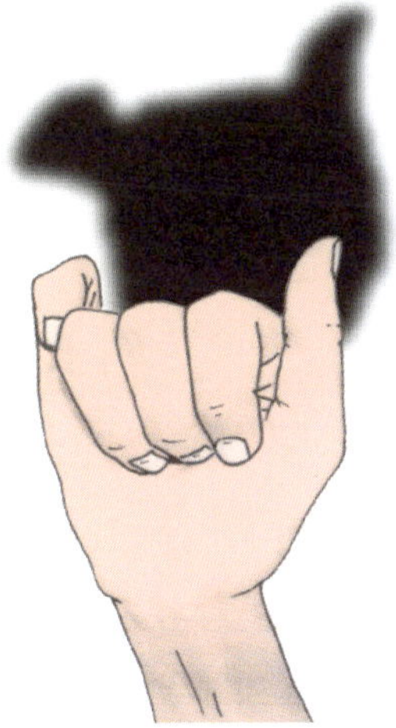

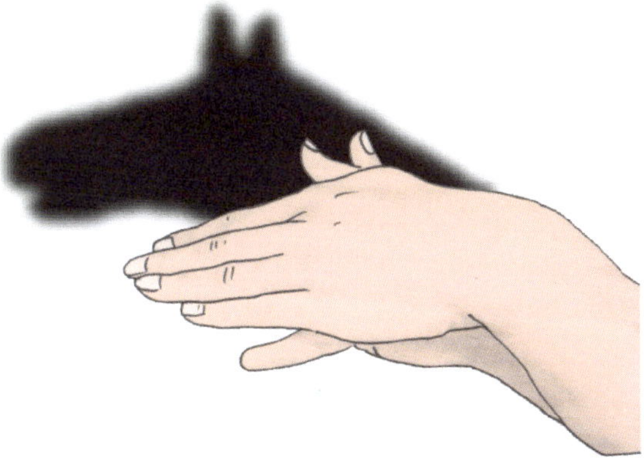

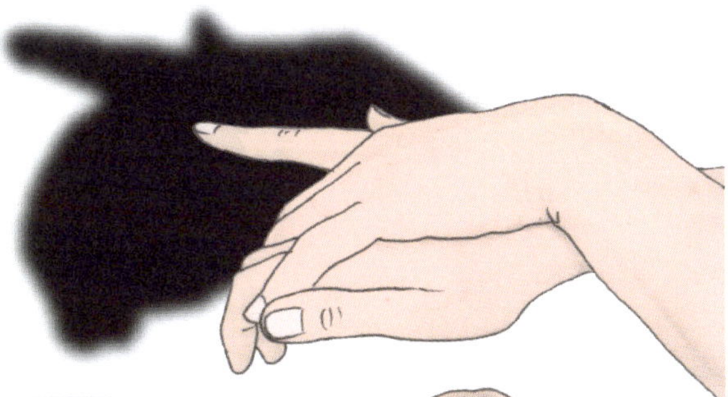

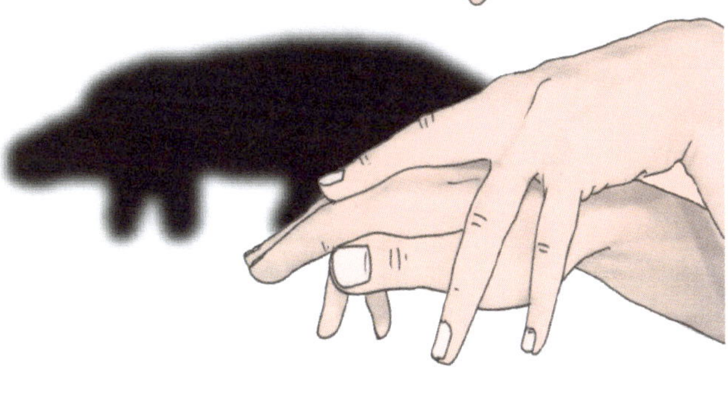

SCHWARZER PETER

Benötigt werden:

- 1 Kartenspiel mit 32 Karten
- 4 bis 8 Spieler

»Schwarzer Peter« ist neben Quartett das am weitesten verbreitete, weil lustigste Kartenspiel für Kinder.

Es besteht meistens aus 31 Karten, nämlich dem *Schwarzen Peter* und 15 Kartenpaaren.
Anstelle von speziellen »Schwarzer-Peter«-Spielkarten kann man ebenso gut ein Paket traditioneller Karten verwenden. Der Kreuz-Bube wird aus dem Spiel genommen. Der einzige im Spiel verbleibende schwarze Bube ist der Pik-Bube und der wird *Schwarzer Peter* genannt.
Die Karten werden gemischt und gleichmäßig an die Spieler verteilt. Jeder schaut seine Karten an und legt Paare, die gebildet werden können, offen auf den Tisch. (Als Paare gelten dabei jeweils die beiden entsprechenden roten und schwarzen Karten, also beispielsweise die Herz-Acht und die Karo-Acht oder die

Welche Maus isst keinen Käse?

Die Computer-Maus.

Kreuz-Dame und die Pik-Dame.)

Nun beginnt das Kartenziehen: Das jüngste Kind oder das Kind, das die meisten Karten hält, zieht aus dem Blatt seines Nachbarn zur Linken eine Karte und steckt sie zu seinem Blatt. Kann es mit dieser Karte ein Paar bilden, so legt es dieses wieder auf den Tisch. Danach lässt dieses Kind seinen Nachbarn eine Karte ziehen und das Ritual wiederholt sich. Das Spiel wird so lange fortgesetzt, bis alle Paare abgelegt und einem Spieler als einzige Karte der Pik-Bube – der »Schwarze Peter« – in der Hand bleibt (der kein Paar mit dem Kreuz-Buben bilden kann, weil dieser ja aus dem Spiel genommen wurde). Dieser Spieler ist der »Schwarze Peter« und erhält einen Rußfleck auf die Stirn, Nase oder Wange.

HEXENTREPPE

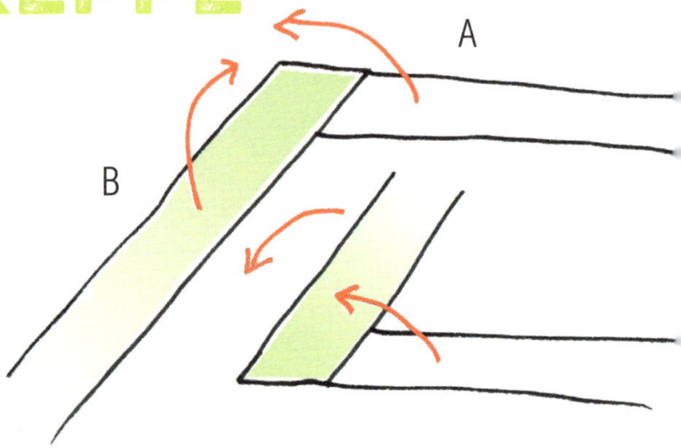

Benötigt werden:

- Papierstreifen
- Klebstoff

Auch so eine witzige Bastelei von früher!

Man nehme zwei Papierstreifen (ich nenne sie hier der Einfachheit halber A und B) und klebe sie an einer Seite rechtwinklig aufeinander.
Nun A über B falten, danach B über A und dann … richtig: immer so weiter.
Am Ende die Streifen ebenfalls aneinanderkleben. Und fertig ist die Hexentreppe!
Und jetzt? Aus solchen Hexentreppen lassen sich zum Beispiel Beine, Füße oder – wie in unserem Beispiel – ein Schlangenkörper machen.
Der Fantasie sind keine Grenzen gesetzt.

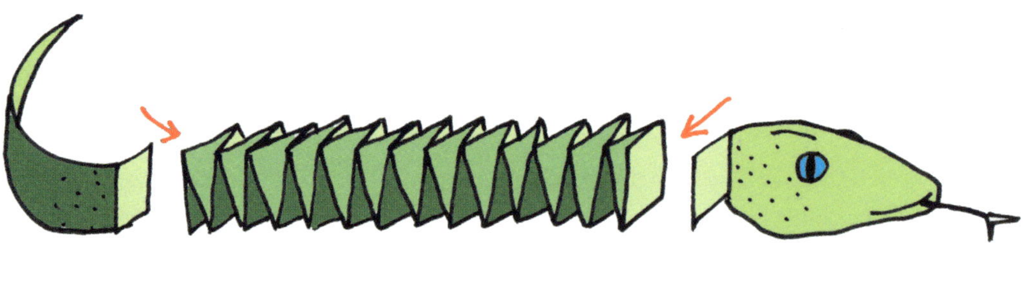

MEMORY

Benötigt werden:

- 1 oder 2 Kartenspiele
- 2 bis 8 Spieler

Auch dieses beliebte Gesellschaftsspiel kann statt mit speziellen Memorykarten ebenso gut mit normalen Spielkarten gespielt werden. Und das sogar auf verschiedene Arten. Meistens wird das Spiel mit zwei Kartenspielen (also mit 104 Karten) gespielt. Wenn keine zwei Spiele zur Hand sind, kann Kartenmemory auch mit einem Satz Karten gespielt werden. Die folgende Beschreibung geht von zwei Kartenspielen aus. Die Anzahl Spieler kann variieren. Und so gehst du vor:

Breite alle Karten auf dem Tisch aus, ohne ein Muster zu bilden, also schön durcheinander und mit der Rückseite nach oben. Bestimme nun durch Losen (oder mittels Abzählreim, vgl. S. 14/15), wer anfangen darf. Diese(r) nimmt zwei Karten auf und dreht sie um, sodass sie auch die Mitspieler sehen können. Angenommen (auch wenn dies ein großer Zufall wäre!), es sind zwei Karo-Buben: Die Spielerin/ der Spieler hat dann sofort ein Pärchen. Und Sinn des Spiels ist es, so viele Pärchen

Wie ist der Elefant aus dem Auto gekommen?

Auf die gleiche Art, wie er hineingekommen ist.

wie möglich zu bekommen. Sehr viel wahrscheinlicher ist, dass zwei unterschiedliche Karten gezogen wurden, z. B. eine Herz-Vier und eine Karo-Acht. Nachdem alle Spieler die beiden Karten gesehen haben, werden sie, mit der Rückseite nach oben, wieder auf den Tisch zurückgelegt.

Nimmt später einer der Mitspieler ebenfalls eine Karo-Acht auf und erinnert sich, wo die andere Karo-Acht liegt, die anfangs vom ersten Spieler umgedreht wurde, dann nimmt er/sie diese Karte auf und erhält so ein Pärchen mit zwei Karo-Achten.

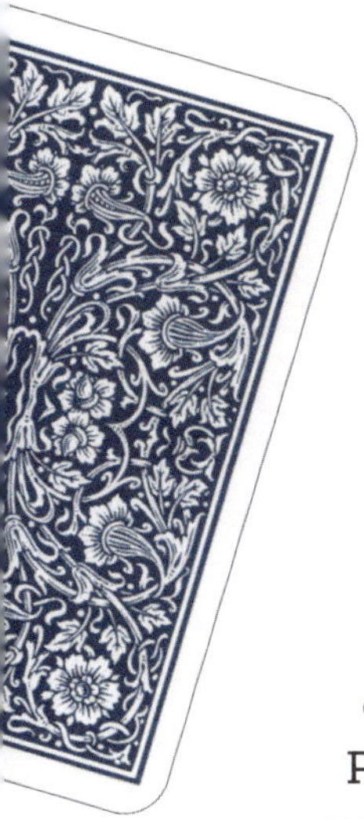

Memory ist ein einfaches Spiel, bei dem es vor allem auf Konzentration und ein gutes Gedächtnis ankommt. Es gewinnt, wer am Ende die meisten Pärchen hat.

Wird Memory mit nur einem Satz Karten gespielt, werden Pärchen von einer Farbe gesammelt – also eine Karo-Sieben und eine Pik-Sieben, eine Karo-Vier und eine Herz-Vier usw.

TIPP: Natürlich könnt ihr auch ein neues, eigenes Memory basteln und jeweils bei zwei Karten dasselbe Motiv abbilden – das macht gleich doppelt Spaß!

DOMINO

Benötigt werden:

- 1 Kartenspiel
- 3 bis 6 Spieler

Für Domino wird ein komplettes Kartenspiel mit 52 Karten benötigt. Alle Karten werden verteilt, was bedeutet, dass einige Spieler eine Karte mehr bekommen können als andere.
Der Spieler, der im Uhrzeigersinn direkt neben dem Geber sitzt, kommt raus und legt eine Karte, die ihm/ihr am besten passt, offen auf den Tisch.
Angenommen, dies ist die Karo-Sieben, so muss der folgende Spieler nun eine Sieben von einer anderen Farbe anlegen oder eine Karo-Sechs oder -Acht (ein passendes Karo also).
Kommt er/sie mit einer Sieben einer anderen Farbe heraus, muss diese mit der schmalen Seite gegen die schmale Seite der Karo-Sieben gelegt werden; kommt er/

sie mit der Karo-Sechs oder -Acht heraus, muss die lange Seite angelegt werden.
Hat ein Spieler die geforderte Farbe nicht, muss er/sie passen. Man muss sich aber jedes Mal bekennen – man darf also nicht passen, wenn man anlegen kann.
Waren alle Spieler an der Reihe, beginnt eine neue Runde, so lange, bis einer der Spieler alle Karten abgelegt hat. Natürlich ist er/sie der Gewinner.

Es kann von vornherein festgelegt werden, dass pro Zug nur eine Karte gespielt werden darf; oder die Spieler können festlegen, dass pro Zug so viele Karten wie möglich gelegt werden dürfen.
Das Spiel kann auch mit einem halben Kartensatz gespielt werden. Kann keine Karte angelegt werden, muss eine Karte vom Stapel genommen werden.

Erst wenn auch dann noch nicht angelegt werden kann, darf gepasst werden.

Fotos S. 5, 42, 46, 64, 66: iStock by getty images
Foto S. 21: V_Paulava/Shutterstock.com
S. 29: Anna.zabella/Shutterstock.com
Foto S. 88: Robert Kneschke/Shutterstock.com
Foto S. 89: Militarist/Shutterstock.com

ISBN: 978-3-8303-4552-7

2. Auflage 2025
– Überarbeiteten Neuausgabe 2023 –

Originaltitel: »Super oma. 61 manieren om je kleinkinderen te verwennen«
Arranged through mediation of Uitgeverij Lannoo nv
www.lannoo.com

Aus dem Niederländischen übersetzt von Dr. Anja Blume
Lektorat: Jessica Link
Layout und Herstellung: Monika Swirski

FOLLOW US!
facebook.com/lappanverlag
Instagram.com/lappanverlag
LAPPAN.DE
LAPPANKALENDER.DE

PRODUZIERT MIT VERANTWORTUNG

MIX
Papier | Fördert gute Waldnutzung
FSC® C002795
FSC www.fsc.org